5歳児の あそび 巻頭カラー

子どもが育つ！
あそびのキーワード7

子どもの興味・関心、好奇心からあそびは始まり、そしてどんどん膨らみます。その過程で疑問をもったり、考えたり、様々な人と関わりながら深く学んでいきます。ここでは、あそびの中の子どもの育ちを見るにあたって押さえておきたい7つのキーワードとともに事例を紹介します。

キーワード

1 探究心・好奇心から学んで

子どもたちは、興味をもったものに主体的に関わり、
探究心、好奇心をもって深めていきます。
そしてその過程の中に深い学びがあります。
うまくいったり、いかなかったり、いかなかったらどうしたらいいかまた考えて、
そんな試行錯誤の中で子どもは育っていきます。

"本物"のイスを作ろう!

段ボールでおうち作りを楽しんでいた子どもたち。
キッチンや棚など、「おうちにあるものを全部作る!」と張り切っていました。
ところが、イス作りに大苦戦。何度作り直しても座れるイスになりません。
試行錯誤しながら、最終的には木材を使った本物のイス作りが始まりました。
子どもたちのアイディア・保育者の関わり・その中での学びを紹介します。

（神奈川県・宮前幼稚園）

あそびの始まり

「段ボールを使って何かを作りたい!」というKくんの言葉からおうち作りが始まりました。テレビ・冷蔵庫・炊飯器・テーブルなど本格的なおうち作りに夢中!「みんなのおうちにはどんな物がある?」とイメージを膨らませながらどんどん作っていきます。

段ボールを使って
おうち作り

子どもが育つ！あそびのキーワード 7
1 探究心・好奇心から学んで

イスを作ってみよう

「イスを作るには硬くて丈夫な物は何かな？」と考え、ラップ芯を使うことにしました。いつも自分たちが座っているイスを見ながら骨組みを作っていきます。

ラップ芯で骨組み

 保育者から

継続しておうち作りに取り組めるよう、作った物をそのまま置いておける広いスペースを確保しました。また、材料を選択しながら作っていけるよう、材料の種類、量を豊富に用意し、クラフトテープやセロハンテープなどの道具を種類別に分けて収納しました。使いやすい環境を整え、子どもたちが考えながら進めていけるような場を用意していきました。

どうしよう…
何度直しても壊れちゃう!!

4本の脚をつけたところで試しに座ってみると、重さに耐えきれず壊れてしまいました。「もっとたくさんテープをつけたらいいのかも？」と、何度も直しては座ってみるものの、やっぱり壊れてしまいます。

こわれちゃう！

保育者から

うまくいかないこと、方法が分からないことがあっても、保育者がすぐに助言をするのではなく、子どもたちが試行錯誤する姿を見守っていきました。子どもたちの提案にすぐに答えを出すのではなく、共に考えること、対話することを心掛けて関わります。

もっと丈夫な材料を探しに行こう！

「もっと丈夫な材料で作ったら壊れないかも！」というUくんの提案から、材料探しを始めました。外に置いてあるベンチを見ると、木でできていることに気が付きました。そこで、物作りが得意な先生の所に行って、イスの材料や必要な物を聞きに行くことになりました。

どんな
ざいりょうが
ひつようですか？

ながさを
そろえて…

"本物"のイス作りスタート！！

イス作りに必要な木材・トンカチ・くぎがそろったけれど、イスの脚になる木材の長さがバラバラなことに気付きました。「これではイスにならない！」ということで、まずは、木材の長さをそろえる作業に取り掛かりました。どうしたら、全部を同じ長さにできるかを考えます。

保育者から

イスに必要な脚の本数を数えたり、脚の長さを測ったり、数や長さへの気付きが生まれました。その様子は、まさに教育・保育要領の【環境】領域の「数量や図形についての知識だけを単に教えるのではなく、生活の中で園児が必要感に基づいて数えたり、量を比べたり、様々な形を組み合わせて遊んだり多様な経験を積み重ねながら数量、図形に関心をもつようにすることが大切である」にあたります。

子どもが育つ！ あそびのキーワード**7**
1 探究心・好奇心から学んで

どうやってくぎを打ったらいいんだろう？

脚の長さをそろえ、道具などの準備もできました。いよいよイス作りのスタート！　しかし、くぎの打ち方が分からない！またもや、子どもたちの試行錯誤が始まりました。横にしたり、立ててみたり、板と脚がくっつく打ち方を探していきます。たくさん試して、挑戦して、うまく打てる方法を発見しました。板が動かないように全体重をかけて座って押さえる子、くぎを打つ子と、役割を分担したり、自分たちで順番を決めたりしながら進めていきます。

「こうやって…」

保育者から

金づちやくぎを扱う際は、初めは保育者が手を添え一緒に行なったり、大きな丸太にくぎを打ったりするなど、子どもたちが徐々に扱い方に慣れていくことが大切です。"本物"の道具に触れるからこそ感じられる、感覚、音、力加減など経験することでの学びがあります。

脚がついたぞ！

試行錯誤の末、1本目の脚がついたことに大喜び！　同時に、1本のくぎを打つ大変さも実感しました。「あと3本もか…」と、子どもたちの口から漏れていました。ここから、何日もかけてイスの脚をつけていきました。

「あしがついた！」

ついに完成!!

4本の脚を付け、ついに"本物"のイスが完成しました。座っても壊れないことを確かめると、子どもたちはうれしそうにしています。時間はかかったけれど、自分たちで方法を考えながら作り上げたことで、達成感と満足感を味わっていました。

「かんせい！」

キーワード

2 五感で感じる保育

五感（視覚、聴覚、味覚、触覚、嗅覚）の全てを意識することで、
保育に広がりが生まれます。
ある一つのことへの興味から始まり、
そこから様々な物を五感で感じることのできる環境だからこそ、
あそびに広がりが生まれていきます。

フラワーアレンジメント

散歩中に見つけた花をきっかけに、生花に興味をもち始めた子どもたち。
地域の人と関わりながら、フラワーアレンジメントを楽しむ様子を紹介します。

（神奈川県・RISSHO KID'S きらり）

ムスカリを採取

あそびの始まり

散歩中に紫色の不思議な形の花を発見。図鑑で調べてみると「ムスカリ」という花だということが分かりました。見た目のおもしろさと名前の響きからムスカリに興味をもった子どもたちは、戸外でムスカリを中心に、草花を採取するようになりました。子どもたちが採取した花を飾れるようにと、園芸用のスポンジや小さい花瓶を用意しました。すると、採取した花を花瓶に生けて楽しむ姿が毎日のように見られるようになっていきました。

戸外の花を生ける

採取した花を色ごとに分け、「紫はここに入れてみよう」「紫の隣には黄色がいいかな〜?」と色合いやバランスを考えながら、花を生けることをあそびとして楽しみます。

石の道具に生ける

保育者から

園芸用のスポンジに花を挿して生けることに子どもたちは楽しさを感じていると考え、より楽しめるように道具を増やしました。剣山は安全面に考慮し使用せず、石の穴に花が挿せるようになっているタイプの物を用意しました。

子どもが育つ！ あそびのキーワード 7
2 五感で感じる保育

部屋の中を
お花屋さんにしたい！

散歩中に偶然通り掛かった家の外観が、花で飾られているのを目にすると、一人の女の子から「園の部屋もお花屋さんみたいにしたい」という声が聞かれました。そこで、地域のお花屋さんを巡り、一軒の花屋さんから廃棄する予定の花をたくさんもらいました。バラやパンジーなど、様々な花があり、園に帰るとすぐに生け花を楽しみました。それまでは、採取した花だけでしたが、初めて生花での生け花を行なってみました。

初めての生け花に挑戦

 保育者から

身近に子どもたちの興味のあるものがあるときは、その地域を活用していくことで、新たなあそびのきっかけを生みます。本物に触れることで子どもたちの刺激にもなります。また、お店など地域の方と交流するときは、子どもたちのあそびの姿や思いを丁寧に伝えていくことで、園の取り組みに理解し協力してもらいやすくなります。

造花を使って
フラワーアレンジメント

いつでもフラワーアレンジメントを楽しめるように、造花を用意しました。造花は枯れないので、子どもたちが作った物をそのまま作品として残しておくことができます。園の玄関やロッカーなど好きな所に作品を飾る姿が生まれました。

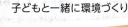
子どもと一緒に環境づくり

 保育者から

子どもたちが継続して花で遊ぶ姿が見られたため、室内の花のコーナーを拡大し、必要な素材（造花・園芸用スポンジ・容器・リボン・ビーズなど）や花の本、子どもたちが作った作品を置いておく棚を用意しました。また、子どもたちと一緒に公園で長い枝を拾い、その枝を環境づくりに活用します。環境づくりも子どもと一緒に行なうことで、子どもたちがあそびに対してより主体的に関わることができました。

発見！お花が ドライフラワーになる！

生けていた花が、いつの間にかカサカサになっていました。そこで、「どうして枯れないの？」と子どもたちは疑問をもち始めます。また、室内に設置してある木につるしたラベンダーを見て、「このお花もカサカサになるかな？」と観察も始めました。お花屋さんに行ったとき、花がカサカサになったことについて聞いてみると、お店の方から「花をつるしておくとドライフラワーになる」ということを聞き、ドライフラワーに適した花を教えてもらいました。お花屋さんの帰りに公園に寄ると、そこで見つけた花を採取し「これもドライフラワーになるかな？」と、園に戻りドライフラワー作りが始まりました。

ドライフラワーになっているか触って確かめる

保育者から
子どもたちは、花が乾燥したことに不思議さを感じ、「どうして枯れないの？」と疑問を抱き、その疑問を解決するためにお花屋さんとの関わりをもちました。そこで、ドライフラワーという物の存在を知ることに。偶然起こった出来事をうまく遊びの中に取り入れていくことで、子どもたちの探究心が芽生え、必要な人との関わりをもち、新たな物への気付きへとつながっていきました。

ドライフラワーを使ったアレンジメント

新たな素材としてドライフラワーが加わったことで、造花とドライフラワーを組み合わせたアレンジを楽しむようになり、ドライフラワーのリースやかばんなど、様々な物に花を使って表現します。

ドライフラワーのカバン

保育者から
子どもたちが作った花のかばんやリースなどが増えてきたので、飾るスペースを拡大しました。飾るスペースがあると作り途中の作品も置いておけるので、いつでも続きに取り組むことができます。このときはスノコを活用して飾るスペースを作りました。

子どもが育つ！ あそびのキーワード **7**
2 五感で感じる保育

フラワーアレンジ教室に行く

子どもたちがフラワーアレンジを楽しんでいる姿に保育者も刺激を受け、プリザーブドフラワーを使ってアレンジする教室に通い始めました。お花の先生と子どもたちをつなぐことにより、あそびに変化が生まれるのではないかと考え、保育者が通っている教室に、子ども数名を連れていきました。プリザーブドフラワーは花びらをとってグルーガンで花の形を形成するというアレンジ方法が一般的で、子どもたちも同じ方法でアレンジを行ない、お花の先生と一緒に一つのリースを作り上げました。

花冠を作りたい

発表会で花をイメージしたダンスを披露することになり、女の子から「花冠を付けて踊りたい」という声が聞かれ、造花を使った花冠を作りました。自分たちで作った花冠を頭に付けて発表会の当日はダンスを楽しみました。

普段から楽しんでいるあそびや興味のあることを行事につなげることで、行事に対しても主体的に子どもが取り組めます。

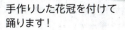

手作りした花冠を付けて踊ります！

友達と一緒にダイナミックなフラワーアレンジメントを楽しむ

生花、造花、ドライフラワー、プリザーブドフラワーでフラワーアレンジメントを楽しんできたことで、子どもたちに様々なアレンジ方法が身につきました。また、一人で作って楽しむ姿から友達と一緒に一つの物を作る姿が見られるようにもなりました。子どもたちは、たくさんの花の材料で大きな作品を作りたいという思いがあったため、大きな容器を探しに子どもたちと商店へ行きました。大きな作品を友達と一緒に作ることにより、「この花はここに挿す？」「こっちに挿した方がかわいいかな？」など、お互いの意見を出し合いながら、イメージを共有する姿が見られました。

キーワード

3 イメージの世界で遊ぶ

子どもたちがごっこあそびやままごとなどイメージの世界で遊ぶことは
とても大切なことです。空想したり、想像したりすることは、
その後、人の気持ちを考えて、想像して行動することにもつながっていくはずです。
また憧れの気持ちをかなえるために、見たり、調べたりして
自分なりにイメージの世界でなり切ることも多く、
その中でたくさんの学びの機会と出会います。

お化け屋敷ごっこ

子どもたちは怖い話が大好き。
絵本もかるたも、人気のお化けシリーズ。
毎日、読んでほしいと持ってくるほど、クラス全員に浸透していました。

(東京都・双葉の園保育園)

あそびの始まり

夏のある日、休日に家族で遊園地に行った子が、休み明け、「お化け屋敷を作りたい！」。どうやら遊園地で入ったお化け屋敷が気に入ったようで、園でも作りたくなり、あそびが始まっていきました。

通路作り

一緒に素材を探しに行き、布、大きな段ボール、大型積み木など、使えそうな物を集めて、つなげたり、切ったりし始めます。

つうろができた！

保育者から

保育者が素材を準備するのではなく、子どもと一緒に必要な物や素材を探します。考えていることを聞いたり、相談したりして、子どもたちもイメージを具体化させ、期待や意欲が高まります。子どもたちの「やりたい」気持ちが広がるよう、保育者のイメージを押し付けないようにすることが最も重要なポイントです！

子どもが育つ！ あそびのキーワード**7**
3 イメージの世界で遊ぶ

お化けと、驚かす仕掛けを作りたい！

大きな通路を作り始めると、それまで興味のなかった子どもたちも参加したくなってきます。「お化け屋敷の中で、急にお化けが出てくるでしょ！ ああいうのを作ろうよ！」「私、クモの巣を作って、クモのお化けに捕まっちゃうっていうのがいいな！」など、イメージを膨らませていきました。
他にも小さいお化けを作ります。透明の容器に細かく切った色画用紙や綿、お化けの顔を描いたネットを入れ、触ったら揺れるように長いひもを付けました。

＞ちいさいおばけもつくろう！

＞クモのおばけだよ

保育者から

普段から、多種多様な素材が使えるように準備しておきます。段ボールや空き箱、プラカップなど、リサイクル素材は工夫をしやすいので、保護者にも協力してもらい、様々な素材の数と種類をそろえておきます。
また、あそびは「やりたい」と思うタイミングがそれぞれ違うため、すぐに全員で取り組まなくてもいいでしょう。。やりたいと思えるようなきっかけをつくることは大事ですが、全員で取り組むことを目的にしたり、保育者が取り仕切ろうとしたりすると、あそびが急に停滞することがあります。子どものしぜんに湧き上がる気持ちを尊重しましょう。

＞もっとたくさんつけよう

お化け屋敷ごっこ開始！

ベッドや段ボールをつなげて、部屋を暗くしてお化け屋敷ごっこの始まり！「きゃー！！」と楽しい歓声もあがるけれど、「もっと暗くしたいなぁ」「うん、怖くしたい！」と納得の出来には遠い様子。「どうする?」「もっとお化けを作ったらいいんじゃない」「クモの巣もたくさん作ろう！」「もっと上手に驚かしたい！」「段ボールはもっと暗く塗った方がいいよ！」など楽しみながら会話をし、改良を繰り返しました。

作ったお化けを並べる

もっとくらくぬろう

クモのすをたくさんつくろう！

保育者から

すぐに完成させず、試行錯誤の時間を大切にしましょう。解決策をすぐに与えると、あそびとしての魅力が半減します。友達と相談したり、アイディアを実践したりすることが楽しい時間です。今回は4日間ほどかけて子どもたちがアイディアを形にしていく様子を見守りました。

子どもが育つ！ あそびのキーワード **7**
3 イメージの世界で遊ぶ

お客さんを呼ぼう！

だんだん納得のいく出来となり、驚かし方も板についてきました。「お客さんに来てもらいたい！」と、4歳児クラスに案内状を出しました。順番待ちのチケットを作って、受付係、案内係、驚かす役になり、それぞれが役割を担っていました。4歳児の子どもたちは大喜び！！
「うわぁ！」「キャーっ！」「もう1回やりたい！」。それから毎日のようにお客さんになりたい子がやってきて、子どもたちもとても充実した表情をしていました。

保育者から

他のクラスの子どもにも楽しんでもらいたいという、共通の目的をクラスでもつことができました。自分たちが考え、作り出した物で喜んでもらえるのは、子どもたちにとってもうれしい時間だったと思います。そうした展開を協力してもらえるよう、日々の取り組みを、園全体に伝えることも大切です。

お母さんにも入ってもらいたいね

保護者を招待したいという声が夏の終わりにあったものの、そのときには応えることができませんでした。それから数か月後、保護者参加の行事、作品展でどんなものを飾ろうかと子どもたちと相談したときでした。「お化け屋敷がいい！」。その意見は、すぐに子どもたちのハートに火をつけ「もっと怖いものを作ろう」「すごく驚かせよう」と改良と修繕をして、お化け屋敷を親子で楽しむことができました。

保育者から

子どもがおもしろがっていることを、保護者も一緒におもしろがってもらいたい！そういう機会をつくることはとても大事です。日々の取り組みを伝えることはもちろんですが、機会があれば、それを実感できる取り組みや工夫をしていきたいですね。

キーワード

4 興味が出発になって あそびが始まる

何気ない一言や発見など子どもの興味・関心があそびの出発点になります。
そのことに周りの友達や保育者が反応し、一緒に調べたり、考えたり、
とにかくやってみたりすることで試行錯誤が始まり、遊び込むようになります。
出発点となる子どもの興味・関心を広げるための工夫や環境構成もとても大切です。

駅伝リレー

1学期から集団あそびが好きな子どもたち。
10月にプレイデー（運動会）が開催されることもあり、9月に入るとリレーが盛んになりました。
あそびに夢中になることで、いろいろな遊び方に展開していきました。

（東京都・白梅学園大学附属白梅幼稚園）

あそびの始まり

2学期になると、しぜんとリレーが盛り上がっていきます。リレーに一番熱が入っていたSくんを中心に、毎日10人ほどが誘い合い、チーム対抗でリレーを楽しんでいました。

2チームで
はしるよ！

バケツを
ぐるっとまわって
もどりまーす

子どもが育つ！ **あそびのキーワード7**
4 興味が出発になってあそびが始まる

応援の旗を作る

応援の際、Mくんが「火の鷹、燃えろ〜♪」と歌っているのを聞いて（たか組なので）、T君がプレイデーの予行の前日に、「応援の旗を作ろう！」と作り始めました。応援にも熱が入るようになり、隣のクラスも旗を作って応援し始めました。

保育者から

担任は、その旗を作るための布を用意し、絵が得意なMくんが「鷹」を描き、Tくんは得意の文字を書きました。『走る』こと以外にも、審判や旗作りなどいろいろな参加の仕方で、リレーを楽しんでいきました。

応援に熱が入ります！

2階からも旗を振って応援！

金色の色紙を貼って優勝カップ作り

優勝カップ作りから クラス対抗へ

プレイデー当日は、1勝1敗でした。負けたグループのSちゃんが、「優勝カップ作りたい」と空き箱で作り始め、「勝った方にこのカップをあげるよ！」と言ったことがきっかけになり、優勝カップをかけたクラス対抗戦が始まっていきました。

保育者から

10月はほぼ毎日対抗戦が行なわれ、負けたチームは悔しくて泣いてしまう子どもが出るほど、熱が入りました。進めていくと、「今のは練習だった」「3回勝負じゃないの？」と意見がぶつかることが起きました。保育者は、対抗戦を始める前に、ルールの確認がお互いにできるように支えていきました。

優勝カップをかけて対抗戦！

下駄箱の前で、両クラスの代表者がルールを確認中！

サッカーや縄跳びでもクラス対抗

リレーでの対抗戦がおもしろくなると、サッカーやコマ、縄跳びでも『クラス対抗』で遊んでいきます。縄跳びでは、2つのクラスに分かれて、"どっちが長く残っていられるか"を競っていました。

みんなに見てもらっています！

縄跳びでクラス対抗！

あや跳びを練習中！

こま回しでもチームに
分かれて対抗戦！

れんしゅうして、
とべるように
なったよ！

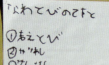

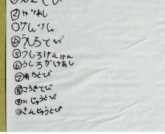

縄跳び表

保育者から

縄跳びに夢中になっていたHちゃん。3月になると、『縄跳び表』を作り、技ができたかどうか皆で見合っていました！

子どもが育つ！ あそびのキーワード 7
4 興味が出発になってあそびが始まる

タスキリレーから

1月のある日、園庭で久しぶりにリレーが行なわれていました。でも、いつものリレーとはちょっと違う様子。Yちゃんが"タスキリレー"なるものを考えたそうです。

バトンの代わりにタスキを渡していきます

駅伝リレー

クラスで話題にすると、「お正月に駅伝やってた！」「青山強かったよな〜」と『駅伝』の話で盛り上がり…。「おれ、早稲田が好き！　大きくなったら早稲田にいきたい！」と自分のゼッケンを作り始めました。

ゼッケンとタスキの完成！

タスキの製作中

タスキを渡して、次にバトンタッチ！

キーワード

5 興味や疑問から あそびがつながる

遊び込んでいくと、次から次へと興味や疑問が生まれます。
一つの疑問を解決しようと調べていくうちに、次の疑問に出会い、
更に次の疑問へと、答えではなく疑問をたくさん見つけていきます。
その中で子どもたちの興味はどんどんと深まり、あそびをつなげていきます。
答えが見つかることだけが大切なのではなく、
次から次へと生まれる疑問にとことん向き合うことで子どもは育っていくのです。

妖怪ポストを作りたい！

一人の男の子の「妖怪ポストをつくりたい！」という思いから、
いろんな人につながり、いろいろなあそびにつながっていきました。

（東京都・東一の江幼稚園）

あそびの始まり

テレビアニメを観て、「妖怪ポストを作りたい！」と一人の男の子が言いました。「どうやって作ればいいの？」「妖怪って何？」ということで、絵本や図鑑などで調べることにしました。

 保育者から

いろいろな子どもにも興味をもってもらえるように、調べたことなどをホワイトボードに掲示するなど可視化していきました。

妖怪ポストを作ろう！

いろいろと調べて、大きさや色などが分かったので早速作り始めます。最初は一人で黙々と作っていました。

私も作る！

妖怪のことを見て分かるようにしたり、男の子が作っているのを見ていたり、みんなが集まったときに発表したりしていたので、妖怪ポストに興味をもつ子が増えてきて、一緒に作ったり、アイディアをくれたりしました。

> どうしたらまっすぐたつのかな？

保育者から

可視化することで、いろいろな子どもがそれを見て興味をもちます。また、クラスで集まったときに、あそびの中でできたものを発表したり、困ったことを相談したりすること（園では「はっぴょうタイム」と言っています）で、遊びが広がることがあります。

妖怪ポスト完成！

妖怪ポストが完成！　妖怪に困っているたくさんの人から手紙がほしいと、廊下に貼り紙をしたイスを置きました。
「ようかいがきたら、おしえてください。たすけてあげます！！」

「これなんだろう?」

「ここどうやって つくってるんだろうね??」

これ何だろう?

「はっぴょうタイム」などでクラスの子どもたちはみんな妖怪ポストの存在は知っていましたが、他のクラスや年齢の子どもも興味津々。

「これは ようかいのしわざ かな?」

妖怪の仕業?

妖怪ポストが完成し、妖怪に興味をもつ子が増えてきて、壁の傷や、水たまりを妖怪の仕業ではないかと話をする子どもがいたので、そこを写真に撮って妖怪ポストに投かんすることにしました。
すると、しばらくすると「いったんもめんのしわざです。ほんとうはやさしい」と返事がきて、更に手紙が届くようになりました。

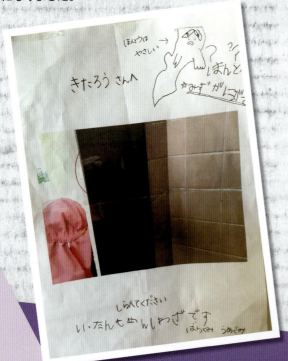

子どもが育つ！あそびのキーワード **7**
5 興味や疑問からあそびがつながる

実習生の責任実習で

同じ時期に実習生が、妖怪がはやっていることに着目して妖怪のカードを使ったゲームをクラスでしました。その後、子どもたちは妖怪のカードに興味を示しました。妖怪ポストに投かんされた手紙をもとに園のどこに妖怪が出たか、地図にカードを貼るようになりました。

保育者から

この事例では責任実習ですが、子どもたちのあそびを一斉活動などに取り入れることで、更にあそびが広がるなど相乗効果が期待されます。

ここに
カッパが
でたらしいよ

妖怪を作りたい！

妖怪ポストを通じて妖怪に興味をもった子どもたちは、次に「一反木綿」「一つ目小僧」などの妖怪を作り始めました。

どうやったら
ひとつめこぞうが
たつかな…？

キーワード

6 様々な関係の中で育つ

子どもの周りにはたくさんの関係性があります。
友達、保育者、保護者だけでなく、事務の人、用務員、バスの運転手なども。
また地域の人との関わりも大切です。
いろいろな関係の中で刺激を受けたり、アイディアをもらったり、
あそびのヒントをもらったり、その関係が広いほど、豊かな経験につながります。

図書館を作ろう！

図書館で働く人や図書館自体に興味をもった子どもたち。
工夫しながら作り上げ、子どもたちの図書館がオープンした事例です。

（岐阜県・かみいしづこどもの森）

図書館の人に話を聞きに行こう！

訪問がスムーズに進むよう、事前にいろいろなことを話し合いました。4・5歳児で図書館の見学と、司書の方にインタビューをしに行きました。

あそびの始まり

近所にある市立図書館へ定期的に絵本などを借りに行っています。本そのものはもちろん、そこで働く人たちにも興味をもった子どもたち。みんなでお話を聞きに行くことにしました。

図書館へ見学に来ました

保育者から

事前準備を通して、「自分の意見をまとめ、それを言葉で伝え、他人の意見を聞き、それらを更にまとめる」という一連の作業を行なうことができました。また、訪問の際には「公共マナー」「挨拶」「言葉づかい」「大人への敬意」などを意識できるように働き掛けました。

子どもが育つ！ あそびのキーワード **7**
6 様々な関係の中で育つ

図書館を作ってみよう！

園に戻った後、司書の方のお話や実際に見てきたことを参考に、どのような図書館を作るかを話し合いました。その結果、みんなが大好きな絵本を中心に、更に来場してくれた人が楽しんでくれるアトラクションも用意することになりました。絵本コーナーには、「おすすめ」「ちいさいこ」「ながいおはなし」「うみ」「がっこう」などの子どもたちが考えたテーマで並べました。

図書カード

保育者から

本物の図書館にあったもの（テーマによって選びやすくなるよう工夫されたコーナー、手作りの装飾　など）や、司書の方が使っていた物（図書カード、名札、筆記用具　など）を確認しました。それによって、よりリアルな図書館にすることができました。

本物の図書館みたい！

貸し出しはここで

お話の時間

楽しいことがいっぱい！
「にじ組図書館」オープン

準備に1週間ほどかけ、いよいよ「にじ組図書館」がオープンしました。司書役は本の説明、貸出・返却業務を行ない、それ以外の子どもがお客さんになりました。司書には主に5歳児がなりましたが、意欲のある子は3・4歳児でもチャレンジしていました。

本の説明中…

保育者から

お客さん役も日がたつにつれてバリエーションが出てきて、「赤ちゃんをベビーカーに乗せた親子連れ」なども来館していました。図書館を舞台にしたおままごとです。異年齢クラスの仲間だけでなく、3歳未満児クラスの子も担任と一緒に遊びに来るなど大盛況でした。

子どもが育つ！ あそびのキーワード **7**
6 様々な関係の中で育つ

どうやって終わろうか？

大変盛り上がった図書館ですが、いつまでも開館しっぱなしにするわけにもいきません。その頃、図書館には「クリスマスコーナー」ができていました。それもあって、クリスマスに興味が向かいだした子どもたち。話し合いで図書館をそろそろ閉館しクリスマスツリーを作ることに決まりました。

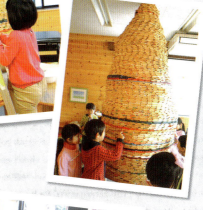

大きなクリスマスツリー！

クリスマス会も大盛り上がり！

クリスマスコーナーに置かれた絵本

手作りのケーキやおすしも！

 保育者から

活動が盛り上がれば盛り上がるほど終わり方が難しくなりますが、絵本という多様なあそびを提案できる媒体であったため、子どもたちも十分満足した上でしぜんにクリスマスのあそびへと移行することができました。

キーワード

7 自然を感じて遊び、学ぶ

子どもたちの周りには、都会だろうと、
地方だろうとたくさんの自然に囲まれています。
たくさんの自然があっても、関わりがなければ感じることはできません。
反対に少ない自然環境であっても、そこに気付く心があれば、
豊かな自然体験ができるのです。

木の家を作りたい！

台風が過ぎた後の園庭で、枝集めをしていたYくん。
「これで家を作りたい！」という一言から、木の家作りが始まりました。
そこから、動物やいろいろな木を作ったり、ピラミッド作りに発展したりと、
木を使ったおもしろい表現やあそびがクラスに広がっていきました。

（東京都・白梅学園大学附属白梅幼稚園）

枝集めから…

こんなの
つくりたいな〜

あそびの始まり

Yくんが園庭で集めた枝で「家を作りたい！」と言って大量の枝を部屋に持ち帰ると、「何するの！？」と周りの子も集まってきました。「こんなの作りたいな〜」とYくんが描いた絵から、はしご、お風呂、本棚作りが始まったり、枝、葉っぱ、石などの自然物を集めたりしました。

保育者から

本当に家を建てられるのか…という不安はありましたが、「家」と「自然物」からいろいろに発想していく姿がおもしろく、どんどん作り始める姿があったので、子どもたちの勢いにのって一緒に考えながらやっていこうと思いました。枝を組み合わせたり、麻ひもで結んだりする手本を見せていくと、子どもたちなりにどんどんやっていくようになりました。

子どもが育つ！あそびのキーワード**7**
7 自然を感じて遊び、学ぶ

木の家作り① 屋根作り

「屋根も作りたい！　三角にしよう」と、HちゃんとKくんが屋根を作り始めていくと、10人ほど集まってきました。長い枝を組み合わせて三角っぽい形にしたり、「このままだと隙間があるから、雨とかでぬれちゃう」ということで、前の週に畑で収穫したサツマイモのツルを巻いてみたり、絵の具で色を塗ったりして屋根が出来上がっていきました。枝だけでなく、イモのツルなど様々な材料を使って、試行錯誤しながら作っていく姿は、まるで芸術家のようでした。

木の家作り② 壁を立てる

どうやったら家が建つか考えていくと、Hちゃんが「チャンバラ棒（新聞紙を棒状に丸めた物）を並べて、壁を作りたい！」と始めていきました。新聞を丸めては色を塗り、木工用接着剤をつけ乾かす…という作業をコツコツと続けていきます。そんな姿を見て、1人また1人と仲間が集まってきて進んでいきました。この壁をどうやって立たせるかを相談すると、「牛乳パックを重りにしたらいいんじゃない？」と考え、牛乳パックに砂を入れて重りにし、壁を立たせていきました。

 保育者から

チャンバラ棒を並べて壁を作るという発想はなかったので、できるのか不安でしたが、どうなるかやってみようと支えていきました。Hちゃんが「これで作る」という思いで続けていく姿があったので、周りにもその姿を広めていきました。仲間も増えていき、3週間以上かけて1周分作った、Hちゃんの熱い思いや子どもたちの持続力に感動です。

木の家作り③ 柱を立てる

柱は大きい枝を選び、自分たちでのこぎりで切って高さを合わせ、壁と同じ方法（牛乳パックの重り）で立てていきました。枝によって傾きが違うので、その枝に合わせて倒れないように牛乳パックを多く並べるなど、重りの付け方まで工夫して、ちゃんと自立させていきました。立たせるためにどうするか、倒れたらどうすればいいか、よく考えていく姿があり、子どもたちの考える力は本当にすごいです。

木の家作り④ ついに家が建った！

屋根が載る瞬間は、クラス全員がそろいました。柱と屋根を結ぶ人、支える人と、自然に役割が分かれます。屋根の頂点部分だけは担任がテグスでつりました。出来上がると大歓声！　そして、ぎゅうぎゅうになりながら、中に入ってパーティーやおままごとが始まりました。

やった〜！！

保育者から

やりたいことに向かって最後まで粘り強く取り組み、実際にやり遂げていく子どもたちの実現力に驚きました。Yくんの一言から始まった家作り。1か月近くかけて実現することができ、作る過程での様々な姿から子どもたちのパワーを感じたり、出来上がったときの歓声や表情、すぐに遊び出す姿からも達成感や満足感が感じられ、本当に感動しました。

子どもが育つ！あそびのキーワード7
7 自然を感じて遊び、学ぶ

動物作り

キリンだよ

家作りの途中、Kくんが細長い枝を見て「何かキリンみたい！」と言ったことから、枝で動物作りが始まりました。体や足、顔などを長さや太さ、形で選んだり、自分がまたげるように高さを合わせたりして、ぐるぐると麻ひもを巻いて固定していきます。これには周りも「おおー！」「確かに見える」と驚いていました。「おもしろそう！」とクラスに広がり、シカやワニなどそれぞれのこだわりの詰まった動物がクラスに増えていきました。

ワニに色を塗っています

頑張ってシカを立たせ中…

保育者から

それぞれのこだわりポイントが実現できるように、一緒に考えていきました。枝の見立てがとてもおもしろく、様々な形や大きさ、質感があり、同じ物がない枝という素材の魅力に気付くきっかけになっていきました。動物を作った子だけでなく、周りにも刺激となって、その後から使う枝をよく見て選ぶようになっていきました。

いろいろな木

部屋にあった大きな木を、みんなで相談して「フルーツの木」と名付けました。それをきっかけに、「他の木も作りたい！」とクッキーの木、お菓子の木、虫の木など、いろいろなアイディアの木が生まれました。Rくんは、工作で作った筆を付けた「筆の木」という一風変わった木を作っていて、「木のてっぺんに筆の社長がいて、そこにあるスタンドマイクで他の筆（平社員？）に指令を出してるんだよ」と、おもしろい発想も生まれていました。

クッキーの木を製作中

お菓子の木　　　　虫の木

保育者から

みんなで相談して名付けた「フルーツの木」が、一人ひとりの感性を刺激して、それぞれのすてきな表現が生まれていきました。筆の木など「その枝1本の中にそんなストーリーができていくのか…！」と子どもの発想の豊かさに驚きました。

飛行機作り

「これも使いたい！」とAくんが家から木の板を持ってきて、Tくんと一緒に飛行機作りを始めました。ここでおもしろかったのは、形ができた後の色塗り。2人が選んだ6色の絵の具を出していたのですが、途中で「そうだ！　全部混ぜてみよう」とわくわくした表情で全部の色をひとつの容器に入れ始めました。できた色を塗ってみると…、とっても気に入ったようで「これは最強色だ！！」と盛り上がる2人。「全部、最強色で塗ろう！」と塗り変え始め、「最強色は最強〜♪青よりも強くて〜」と即興ソングまで歌いながら楽しそうに塗っていました。しかも2、3分歌詞を変えて歌い続けていました。

保育者から

なかなか大胆な行動に「どうなるだろう？」と見守っていましたが、全部混ぜてみようという発想や、偶然できた色合い（しかも自分たちで作った色！）のおもしろさなど、絵の具と対話していくことで、色塗りの過程が更におもしろい物に変わっていき、見ている方も思わず楽しくなってしまいました。

ピラミッド作り① ピラミッドも作りたい！

Sくんが全体の中で「ピラミッドも作りたい！」と言うと、おもしろそうだと思ったようで、次々に「作ろう！」と仲間が集まってきました。枝をたくさん運んだり、継ぎ足したり、ツルを持ち出してきて巻いたり…。「ピラミッドは三角だよ」と何となくイメージに近くなるよう協力しながら、あっという間に園庭に枝のピラミッドが出現しました。「入れるか試してみる」「ここ入口にしようよ」とツルに隙間を空けて、中に入ってくぐったりしながら遊んでいきます。

保育者から

「これをしよう！」と決めたときの子どもたちの勢いがすごかったです。木の家での屋根作りもヒントになり、やりたいことを仲間と一緒にどんどん進めていました。枝の扱いもお手の物になってきて、大きな物も自分たちで協力して運んだり、のこぎりで切ったりしていきます。

のこぎりで大きな枝を切って

子どもが育つ！あそびのキーワード**7**
7 自然を感じて遊び、学ぶ

ピラミッド作り②
ピラミッドブーム到来！

どんなピラミッドにするか考え中…

「もっと大きくしたい」という声から、どんなピラミッドにしたいか考え始める子どもたち。すると「ピラミッドの中にはミイラがいるんだよ」「その部屋に行く道がある」と知っていることを生き生きと話し始めるTくん。その場にいた4人に絵を描きながら説明していると、他の子も「その部屋までは簡単に行けないんだよ」「じゃあ途中にヤリとかサソリとか、わながあったらいいんじゃない！？」「本物と偽物のカギがあるってことは？」と自分たちでおもしろいアイディアを出していきます。考えたことをその日の帰りの会でみんなに報告すると、翌日からピラミッドに関する絵本や図鑑、新聞を持ってきたり、研究ノートを作ってきたりとピラミッドへの興味・関心が高まり、仲間と一緒に見たり、発見したりしたことを伝えていく姿が増えていきました。

帰りの会で報告！

保育者から

子どもたちが、ピラミッドをどうしたいのか掘り下げてみようと思い、「どんなピラミッドにしたいの？」と聞いてみました。すると、Tくんがこれまでにない勢いで話し始める姿があり、そこに乗っていく周りの姿もあったので、好きな世界の中で発揮できればと思い、帰りにはTくんを中心にみんなに伝えていく場をつくっていきました。男の子を中心にピラミッドブームが巻き起こっていったので、子どもたちが発見したことを全体でも話せるようにしたり、分かるように紙にもまとめたりしていきました。

ピラミッド作り③ 木工に挑戦！

子どもたちが考えたことをもとに、ピラミッドの道作りが始まりました。初めはダンボールで作っていましたが、風で何度も倒れてうまくいきません。そこで木の板を使って壁を作ることにしました。初めはくぎを恐る恐る打ったり、すぐに曲がってしまうこともありましたが、やっていくうちにどんどん上達して、手慣れた様子でトンカチを使っていきます。2つ目からは自分たちで板を並べたり、かかる時間も短くなっていき、2つの壁が完成しました。出来上がると「やったー！」と大喜び。新たなことに挑戦し、自信にもなっていきました。

保育者から

保育者も子どもたちとの木工は初めてだったので、どのくらいできるのかやってみないと分かりませんでした。しかし、自分たちのやりたいことに向かうと、これだけやっていけるのか…と子どもたちの吸収していく力のすごさを改めて感じました。板の下準備をして、最初は担任が見本を見せてコツを伝えたり、曲がらないように板を押さえたりしていましたが、手慣れてくると子ども同士で教え合ったり、アドバイスしたりしていく姿がありました。子ども同士のやり取りを見ながら協力していく姿を支えていきました。

ミイラになり切っています！

ピラミッド作り④ 道、仕掛け作り

木の壁を使ってダンボールで道を作っていくと、「ここ分かれ道にしよう」「ミイラの場所は暗くしたい」と、どんどんイメージがわいてきた子どもたち。道の中でミイラになり切る子もいます。サソリのわなを仕掛けたり、宝箱を隠したり、作った棺とミイラを置いたり。「通ってみるね！」と道ができたことで遊び始めていきました。遊んでいるとまた次々とおもしろいことを思いついていきます。「なぞなぞに答えないと通れないことにしよう！」「ミイラが急に出てきたら多分驚く！」「ここからサソリが飛んでくるのは！？」といろいろな道や仕掛けを考え、作り変えながらピラミッドの中を探検するのを楽しんでいきました。

年齢別保育資料

5歳児のあそび

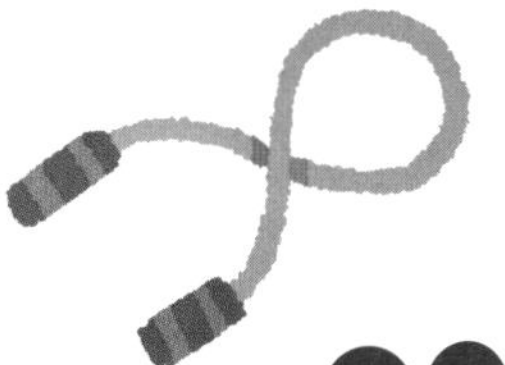

田澤里喜／編著

ひかりのくに

本書の特長と見方
子どもの主体性を育む、あそびのヒントがたっぷり詰まった1冊です！！

巻頭カラー　P.1〜

子どもが育つ！
あそびのキーワード7

あそびの中の子どもの育ちを見るにあたって押さえておきたい、7つのキーワードを事例とともに紹介します。
あそびの始まりがあり、本気であそびに取り組む子どもたちの姿、保育者の配慮や思いも満載です。

運動あそび　P.49〜

「かけっこあそび」「おにごっこ・集団あそび」「ボールあそび」「縄跳びあそび」「道具を使ったあそび」「伝承あそび」のジャンルに分けて、楽しい運動あそびを紹介しています。

保育者の配慮や安全面で気を付ける点などを紹介！

『もっとやりたい！』を支えるヒント
あそびが更に楽しくなるヒントです。

自然あそび　P.81〜

「葉っぱで遊ぶ」「花で遊ぶ」「実で遊ぶ」「枝で遊ぶ」「風で遊ぶ」「石で遊ぶ」「様々な自然あそび」のカテゴリーで、自然と季節を感じるあそびがたっぷりです。

ポイント
あそびの中で大切にしたいことや、自然あそびがうまくいくコツなどの情報を紹介！

造形あそび　P.97〜

様々な素材と道具を使って子どもたちが実際に行なった事例をもとに、楽しい造形あそびを紹介。「素材・道具の工夫とポイント」や「環境づくりのポイント」の解説付き。更に、保育者からのあそびのヒントや配慮する点なども満載。
P.98〜103 は、造形あそびの環境構成と素材・道具の工夫を写真と一緒に分かりやすく掲載しています。

伝承あそび　P.129〜

昔から親しまれているあそびをたくさん紹介。基本のルールや作り方、遊び方を知ることによって、更にあそびが広がります。

手あそび　P.145〜

「季節・行事の手あそび」「生活の手あそび」「いつでも手あそび」に分かれていて、1年中楽しめます。

あそびのヒント
導入やことばがけの例、あそびが更に楽しくなるヒントを紹介。

折り紙あそび　P.177〜

子どもたちが読めるように、ひらがなで表記。写真付きの折り方もあり、それぞれコピーして活用できます。

飼育・栽培プラン　P.201〜

園で飼育・栽培しやすい動植物を紹介しています。

行事の由来　P.225〜

子どもたちに伝えたい行事の由来をまとめています。

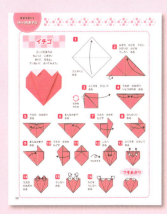

5歳児のあそび CONTENTS

【巻頭カラー】子どもが育つ！ あそびのキーワード7　①

- 2　キーワード1●探究心・好奇心から学んで
  "本物"のイスを作ろう！
- 6　キーワード2●五感で感じる保育
  フラワーアレンジメント
- 10　キーワード3●イメージの世界で遊ぶ
  お化け屋敷ごっこ
- 14　キーワード4●興味が出発になってあそびが始まる
  駅伝リレー
- 18　キーワード5●興味や疑問からあそびがつながる
  妖怪ポストを作りたい！
- 22　キーワード6●様々な関係の中で育つ
  図書館を作ろう！
- 26　キーワード7●自然を感じて遊び、学ぶ
  木の家を作りたい！
- 34　本書の特長と見方

『あそび』について知っておこう！　42

- 42　「やりたい！」を大切にしよう！
- 44　いろいろな素材を工夫しよう！
- 46　たくさんの資源を活用しよう！
- 48　環境構成を考えよう！

もっとやりたい！またやりたい！運動あそび ㊾

- 50 **かけっこあそび**
  - いろいろ直線リレー
- 52 本格リレー
- 53 **おにごっこ・集団あそび**
  - 逃げ込みおに
- 54 タヌキの化かし合い
- 55 シッポ取り
- 56 チャンバラ
- 57 進化じゃんけん
- 58 くさりおに
- 59 **ボールあそび**
  - ノーバウンドキャッチ
- 60 ノーバウンドキャッチボール
- 61 あんたがたどこさ
- 62 ドッジボール
- 64 **縄跳びあそび**
  - いろいろ短縄跳び
- 66 いろいろ大縄跳び
- 68 **道具を使ったあそび**
  - フープ渡し
- 69 投げ入れ競争
- 70 積み木リレー
- 71 宅配便競争
- 72 **伝承あそび**
  - たなばたさん
- 74 まめっちょ
- 76 くまさん
- 77 竹馬
- 78 **運動あそびの基本的な動き**

5歳児のあそび CONTENTS

見て、触って、発見して！ 自然あそび 81

- 82 **葉っぱで遊ぶ　春・夏**
  - 葉っぱで変身
  - シロツメクサ
  - 葉っぱのたたき染め
- 83 **タラヨウの葉**
  - 葉っぱ集め
  - 見立てあそび
- 84 **葉っぱで遊ぶ　秋・冬**
  - 落ち葉の通り道
  - 光に透かして
  - 落ち葉で作る
- 85 **絵を描く**
  - 葉を感じる
  - マツの葉を使って
- 86 **花で遊ぶ　春・夏**
  - フラワーアレンジメント
  - ハーバリウム
  - ドライフラワー
  - 色水作り
- 87 **花で遊ぶ　秋・冬**
  - 花びらでアート
  - 花びらドレス
  - 水時計

- 88 **実で遊ぶ　春・夏**
  - 味わう
  - 道具を使って
  - ○×ゲーム
- 89 **実で遊ぶ　秋・冬**
  - 木の実で製作
  - カキの皮アート
  - ドングリを使って
- 90 **枝で遊ぶ　春・夏**
  - 見立てじゃんけん
  - 軸木あそび
  - 迷路作り
  - マイツリー
- 91 **枝で遊ぶ　秋・冬**
  - オブジェ作り
  - 紙粘土
  - アクセサリー作り
  - リース作り

- 92 **風で遊ぶ**
  - 身に付けて
  - こいのぼり
  - ダイナミックな環境で
- 93 **石で遊ぶ**
  - 宝石作り
  - 重ねる
  - 投げる
  - 絵を描く
- 94 **様々な自然あそび**
  - 水を感じる
  - 音を感じる
  - 光を感じる
  - 雨を感じる
- 95 **木登り**
  - 虫採り
  - サツマイモで
  - 野菜スタンプ
- 96 **お米作り**
  - 氷を作る
  - 雪で遊ぶ

子どもの興味から始まる！ 造形あそび 97

- 98 造形あそびが豊かに発展する環境構成と素材・道具の工夫
- 104 大きな物を作る
- 108 衣装を作る
- 112 針金で遊ぶ
- 116 光と影で遊ぶ
- 120 色水・染め物を楽しむ
- 124 木材で遊ぶ

みんなで遊ぼう！ 伝承あそび 129

- 130 お手玉で遊ぼう
- 131 ビー玉・おはじきあそび
- 132 やじろべえを作ってみよう
- 133 楽しい坊主めくり
- 134 けん玉のコツ
- 135 紙鉄砲を作って遊ぼう
- 136 紙トンボで遊ぼう
- 137 トントン紙ずもう
- 138 クルクル回るよ風車
- 139 親子で作るでんでん太鼓
- 140 たこ揚げのコツ
- 141 羽根突きをしてみよう
- 142 こまの回し方
- 143 簡単！ 盤面ごま
- 144 楽しいブンブンごま

5歳児のあそび **CONTENTS**

1年中楽しめる！ 手あそび 145

- 146 **季節・行事の手あそび**
  春ですよ！ 春ですよ！
- 148 ピクニック
- 150 とけいのうた
- 152 小さな庭
- 154 山賊の歌
- 156 もちつき
- 157 **生活の手あそび**
  おえかきうれしいな
- 158 せんせいとおともだち
- 160 みんななかよし
- 162 さあ　みんなで

- 164 **いつでも手あそび**
  なべなべそこぬけ
- 165 ずっとあいこ
- 166 はやしのなかから
- 168 ずいずいずっころばし
- 170 いわしのひらき
- 172 アルプス一万尺
- 174 山小屋いっけん
- 176 ちゃつぼ

季節を感じる！ 折り紙あそび 177

- 178 おりかたの　きごうと　やくそく
- 180 チューリップ
- 181 チョウチョウ
- 182 イチゴ
- 183 こいのぼり
- 184 かぶと
- 185 アジサイ
- 186 おりひめ・ひこぼし
- 187 だましぶね
- 188 さかな
- 189 おばけ

- 190 セミ
- 191 ヒマワリ
- 192 キノコ
- 193 ドングリ
- 194 イチョウ
- 195 サンタクロース
- 196 トナカイ
- 197 ツバキ
- 198 やっこだこ
- 199 おに
- 200 おひなさま

育ててみよう！ 飼育・栽培プラン 201

- 202 **小さな生き物を飼育してみよう**
- 203 年間飼育カリキュラム例
- 204 アゲハチョウ／モンシロチョウ
- 205 チョウチョウ・ガの飼育と環境づくり
- 206 テントウムシ
- 207 ダンゴムシ
- 208 カブトムシ
- 210 カタツムリ
- 211 アリ
- 212 スズムシ
- 213 園庭に虫を呼び寄せよう
- 214 **野菜・植物を栽培してみよう**
- 215 キュウリ・トマト
- 216 サツマイモ
- 217 ヘチマ
- 218 オシロイバナ
- 219 カブ・ダイコン・ニンジン
- 220 ヒヤシンス・クロッカス
- 221 食虫植物／ミント
- 222 年間栽培カレンダー例
- 224 植物の力を借りて土づくり／子どもと一緒に害虫駆除

子どもたちに伝えよう！ 行事の由来 225

- 226 こどもの日
- 227 七夕
- 228 敬老の日
- 229 お月見
- 230 夏至・冬至
- 231 お正月
- 232 節分
- 233 ひな祭り

園紹介 234

『あそび』について知っておこう！

子どものあそびは学びです。子どもの「やりたい！」という思いを出発点にし、紆余曲折、試行錯誤しながら、思考したり、工夫したりと、興味・関心をもって取り組み、豊かなプロセスが生まれ、その中で多くのことを学びます。そんな豊かなあそびが広がる環境について、事例を中心に考えてみましょう。更に本書各ページも参考にしてみてください。

事例は、P.2-32で紹介しています。

「やりたい！」を大切にしよう！

人間はさせられることより、「やりたい！」という思いがある方が育ちや学びが多くなります。「やりたい！」が出発点になり、夢中になるからこそ、没頭し、豊かなプロセスが生まれ、その中にたくさんの学びの機会ができるのです。

あそびはその「やりたい！」のかたまり。その「やりたい！」を大切にすることが子どもたちの学びのスタートになります。「やりたい！」をひとつ実現していくと、そこから更なる「やりたい！」が生まれてきます。

例えば、お化け屋敷ごっこの例ではお化け屋敷を作りたい！（1-1）→驚かす仕掛けを作りたい！（1-2）→お客さんを呼びたい！（1-3）→お母さんにも入ってもらいたい！（1-4）と広がりました。

1-1

1-2

キーワード3
（P.10-13）

1-3

1-4

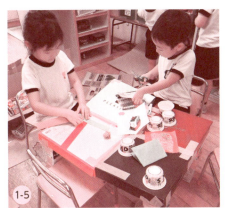

キーワード1
(P.2-5)

キーワード5
(P.18-21)

　ひとつの「やりたい！」が実現すると、新たな疑問が生まれ、次の「やりたい！」が見いだされていきます。その繰り返しが豊かなプロセスとなり、そのプロセスこそが子どもたちの学びになるのです。

　子どもたちをよく見ると、「やりたい！」という思いには一人ひとり違いがあることが分かります。時にはとても少ない人数の「やりたい！」に、周りが興味をもってだんだんと広がっていくこともあります。

　「段ボールを使って何かを作りたい！」という一人の子の思いからから、たくさんの友達の協力がありイスが完成。(1-5) → (1-6)

　「妖怪ポストを作りたい！」という男の子の思いから、友達や実習生、いろんな年齢の子まで巻き込んでたくさんの子どもが妖怪に興味をもちました。(1-7) → (1-8)

　子どもの「やりたい！」は何もないところからは生まれてきません。時に保育者から提案をし、それがきっかけとなりあそびが盛り上がることもあります。

　例えば、造形あそびのページ（P.97〜）にあるような環境構成をしてみて、子どもたちの「やりたい！」のきっかけづくりをしてみましょう。

　また、運動あそびのページ（P.49〜）にあるようなあそびをみんなでやって、その後、そこでの経験をもとに自分たちであそびを展開することもあるでしょう。「やりたい！」が生まれる環境づくりの参考にしてみてください。

いろいろな素材を工夫しよう！

　子どものやりたいことをただやらせるだけではあそびは豊かになりません。子どもが何を楽しんでいるのか、興味をもっているのかを丁寧に見取り、環境構成をしましょう。環境構成をする際はいろいろな素材を活用、工夫することがとても大切です。

　例えば、木の家を作りたいという思いを叶えるために、枝や木（2-1）、新聞紙や牛乳パック（2-2）、木工道具（2-3）など子どもの発案やイメージなどに応じて素材を用意しています。

　5歳児になると子どもたちからたくさんのアイディアが出てきます。そのアイディアが生かせるような環境づくり、素材選びが大切です。

　他にも様々な素材の活用が見られます。（2-4）は採取してきた花を生けている写真ですが、子どもに生け花は早いだろうと決めつけるのではなく、子どもたちの興味を広げるため提案してみるのもいいでしょう。

キーワード7
(P.26-32)

キーワード2
(P.6-9)

『あそび』について知っておこう！

キーワード1
(P.2-5)

2-5

キーワード3
(P.10-13)

2-6

キーワード5
(P.18-21)

2-7

キーワード6
(P.22-25)

2-8

　子どもたちは保育者の予想以上に日常の生活の中で様々なことに触れているので、予想以上に興味を示すはずです。

　写真の（2-5）（2-6）（2-7）（2-8）などを見ると多様でたくさんの素材の工夫が見られます。5歳児は今までの経験から、いろいろな素材を知っていますし、その使い方もうまくなっています。ですから、子ども自身が選択できるような多様でたくさんの素材を環境構成することがあそびが豊かになるきっかけの一つになります。

　また、環境構成によって子どものあそびの方向性が変わります。その環境構成をする上で重要な一つの要素が素材の選択です。「子どもにはまだ早いだろう」「これは保育で使う素材ではないでしょう」と固定観念で考えるのではなく、子どもの興味・関心に寄り添い、子どもの言葉に耳を傾け、素材の検討をしてみてください。

　素材の選択をする上で、本書の事例だけでなく、例えば、自然に興味を示しているのであれば、自然あそびのページ（P.81～）の素材を、何か作ろうとしているのであれば造形あそびのページ（P.97～）に書かれている素材を参考にしてみてください。

　また、伝承あそび（P.129～）や折り紙あそび（P.177～）なども子どもに提案、提供することであそびが広がる可能性のある素材です。素材は正しい知識に基づいて選択する必要もあります。子どもに提供した自然素材に毒性があった、危険があったということは許されません。

　そういった意味からも飼育・栽培プランのページ（P.201～）や各ページの安全への配慮も合わせて参考にしてみてください。

たくさんの資源を活用しよう！

　本書の事例ではたくさんの資源を活用しています。それは、園内外にとらわれない資源です。
　例えば、ドライフラワーに適した花を花屋さんに聞く（3-1）、物作りが得意な先生に聞いてくる（3-2）、あそびが作品展につながる（3-3）、テレビで見た駅伝に憧れる（3-4）、実習生の責任実習があそびを広げる（3-5）、図書館司書に聞いてみる（3-6）、帰りの会で報告（3-7）などです。

3-1

キーワード2
(P.6-9)

キーワード1
(P.2-5)

3-2

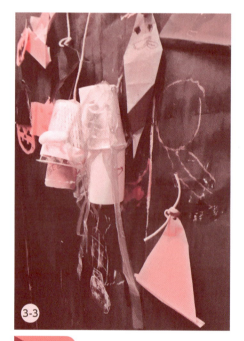

3-3

キーワード3
(P.10-13)

3-4

キーワード4
(P.14-17)

『あそび』について
知っておこう！

キーワード5
(P.18-21)

3-6

キーワード6
(P.22-25)

3-7

キーワード7
(P.26-32)

　資源にはたくさんの意味があります。

　例えば、花屋さんや物作りが得意な先生、図書館司書など詳しい人やプロの人という人的資源です。これらの人たちの情報はとても参考になります。また、行事も大切な園の文化的な資源ですし、メディアからの情報は今の子どもたちにとって貴重な資源です。それらの様々な資源から得た知識をあそびに応用していきます。更に、実習生や友達などの園の中の人的資源も大切です。その資源を活用できるように、帰りの会などで報告や相談をすることなどもあそびが広がるきっかけの一つです。

　園の中にもあそびが豊かになる資源はたくさんあります。

　ただし、禁止事項が多かったり、「こう使うもの！」という固定観念が強かったり、「こんなことしたことない」という前例主義だったりすると、その資源が活用されません。

　ぜひ、改めて保育者同士で園内をめぐり、あそびが豊かになる園内の資源を探してみてください。倉庫の奥に隠れているかもしれません。

　更に、園の中よりも園外の方が広いのですから資源もたくさんあります。地域によって異なりますが、どの地域であっても園外に子どもたちのあそびや生活が豊かになる資源があるはずです。また、家庭にも子どものあそびが広がる資源がたくさんあります。地域や家庭の資源を活用し、遊び込める環境づくりをしていきましょう。

環境構成を考えよう！

あそびが大事だからといって、ただ遊ばせているだけでは学びはとても浅いものになります。ですから、幼児期は環境を通した教育と言われ、環境構成を重視しています。

その環境を構成するときに大切なことは、子どもが何に興味をもち、おもしろがっているのかを理解することと、それらが広がるような環境の工夫ができることになります。言い換えるならば、子ども理解と教材研究が大切ということです。

キーワード2
(P.6-9)

4-1

4-2

4-3

4-4

子ども理解は、例えば、花を見つけた子どもに「きれいな花を見つけたね」と声を掛けて終わらせるのか、「花に興味をもったぞ、いろいろな花を見つけてきているから園芸用のスポンジや花瓶を用意しよう」と子どもの興味を理解しようとするかで、その後の展開は大きく変わります。

子どもの興味を大切にしているからこそ、その後、「保育園を花屋さんみたいにしたい！」という意見が出て、子どもたち数人と花屋さんに行きます。そして、そこで廃棄する予定の花をもらえたのです。

これは、子ども理解に基づいた教材研究に園外を積極的に活用しているからです。そして、ドライフラワー（4-1）、フラワーアレンジメント（4-2）、花冠（4-3）、ダイナミックなフラワーアレンジメント（4-4）と広がったのです。

保育者として教材に対する知識が全くないのと、日頃から教材研究をしていて、いろいろなことに対する知識、引き出しがあるのとではずいぶんと次の展開が変わってきます。

教材研究には様々な方法があります。その一つとして、本書を活用してください。

おにごっこをしている子にP.53のおにごっこのバリエーションを提案することで、更に体を動かすことが楽しくなるかもしれませんし、行事の由来（P.225〜）を知ることで、子どもたちの興味のもち方も変わることでしょう。

本書は様々な使い方ができますが、How-toだけでなく、子どもたちのあそびが豊かになるきっかけづくりとして使われることをおすすめいたします。

もっとやりたい！またやりたい！
運動あそび

子どもたちが「もっとやりたい！」「またやりたい！」と思えるような運動あそびを幅広く紹介します。
「運動あそびの基本的な動き」の資料も参考に、子どもと一緒に思い切り楽しんでみましょう。

もっとやりたい！またやりたい！
運動あそび

かけっこあそび

歩く、走る、跳ねるなどの動きは、体の重心を移動させる動きがしぜんと身につき、体力の向上にも役立ちます。スピード・リズム・方向を変えながらかけっこあそびを楽しんでみましょう。
また、子どもたちの動きを引き出せるように、保育者がいろいろ工夫していきましょう。

競走だ！ いろいろ直線リレー

用意する物 バトン、カラー標識（折り返し地点の目印）

遊び方
1. 同人数のチームに分け、スタートと折り返し地点を決める。
2. 走るルートとバトン渡しを保育者が見本で示す。
3. 「よーい、どん」でスタート。バトンをリレーし、最後の走者がいちばん早くゴールしたチームの勝ち。

ポイント
勝敗がはっきりし、シンプルだからこそ白熱するリレー。初めは、バトンを渡すこと、グループで競うことの感覚がつかみにくい子どももいるので、直線でのリレーを十分に遊んでルールを理解できるようにしていきましょう。

スキップリレー

スキップしながらリレーする。

両足跳びリレー

両足で跳びながらリレーする。

ボール運びリレー

2人組になり、おなかや背中にボールを挟んでボールを運び、リレーする。

横向き走りリレー

2人向かい合って両手をつなぎ、横向きに走ってリレーする。

デカパンリレー

大きなパンツに2人入って走り、リレーする。

> 『もっとやりたい!』を支えるヒント
>
> 様々なルールでアレンジしやすいのが直線リレーの特徴です。子どもたちと工夫しながら競走することを楽しみましょう。

運動あそび　かけっこあそび　いろいろ直線リレー

もっとやりたい！
またやりたい！
運動あそび

アンカーまでつなげ！ 本格リレー

用意する物 バトン、アンカーたすき、ゴールテープ、ラインカー

遊び方
1. ラインカーでリレーのコースを作る。
2. 同人数のチームに分け、先頭走者はバトンを持ってスタートラインに立つ。アンカーはたすきをかけておく。
3. 「よーい、どん」でスタート。バトンをリレーし、アンカーがいちばん早くゴールしたチームの勝ち。

ポイント
他のあそびを通して、チームで競う楽しさを十分に味わってから行なうようにしましょう。保育者はラインの内側に入らないことなどのルールを伝え、公正さを保つことを心掛けます。

『もっとやりたい!』を支えるヒント
非常に白熱しますので、勝敗がついたときに、悔しさをにじませる子どもがいます。そのことをきっかけに作戦を話し合うなど、あそびの延長として取り組めると、その場の勝ち負けにかかわらず、長く楽しめるでしょう。

おにごっこ・集団あそび

運動量の多いあそびですが、自分のペースで動いたり止まったりできるので、5歳児にふさわしいあそびの一つです。保育者や友達と触れ合ったり、スリルや達成感も味わったりできます。
動きが煩雑になるので、なるべく広い場所で行ないます。また、音やことばがけで興味をもてるようにしましょう。

素早く相手を見つけて！ 逃げ込みおに

遊び方

1. おにと逃げる役を1人ずつ決める。おにと逃げる役以外は2人組になり、手をつないで立つ。
2. 逃げる役は、おにに捕まらないように2人組の間に入り、どちらかのペアと交代して手をつなぐ。
3. 相手がいなくなった子が逃げる役になり、2人組の間に入っていく。おににタッチされたら交代する。

ポイント

遊びながらルールを確認したり、伝えたり、繰り返し行なうことで子どもたちもルールが分かってきます。また、2人組が少なすぎると、逃げる場がなくなってしまうので、10人以上で行なうようにしましょう。

『もっとやりたい！』を支えるヒント

慣れてきたら、おに役や逃げる役の人数を増やしてみましょう。よりスピーディーな展開になり、盛り上がります。

もっとやりたい！またやりたい！
運動あそび

タヌキに捕まるな！ タヌキの化かし合い

遊び方

1. おにを1人と決め、他の子は円になって目をつぶり、10秒数える。
2. 10秒数える間に、おには外側を回って誰か1人の肩に触る。
3. 10秒数え終わったら、全員で「タヌキはどこですか？」と聞く。
4. 触られた子（タヌキ）が「はい」と手を挙げたらみんなは逃げ、タヌキは追い掛ける。捕まった子どもが、今度はおにになる。

ポイント

数をかぞえるところと、「タヌキはどこですか？」と聞くところは、全員でそろえて言えると、タヌキ役が答えやすいです。人数が多い場合や、部屋が狭い場合には、逃げる方向を決めると遊びやすいでしょう。

『もっとやりたい！』を支えるヒント

逃げ込む場所を決めておき、何人捕まえたかを競うこともできます。また、タッチする回数を増やしてタヌキ役を増やすと、もっと楽しめるでしょう。

たくさん取って シッポ取り

用意する物 ひもやハンカチなど

遊び方
1. おにを1人決める。他の子どもは、ズボンの後ろにひもやハンカチをぶら下げて準備する。
2. 合図で、おにはしっぽを取りに行く。
3. 全員しっぽを取られたら終わり。

運動あそび

おにごっこ・集団あそび　タヌキの化かし合い／シッポ取り

ポイント
ひもは長すぎても引きずってしまうので、30～40cmの長さがちょうどよいです。ひもは、ハンカチやハンドタオル、または新聞紙などでも代用できます。

『もっとやりたい!』を支えるヒント
しっぽの本数を増やしたり、チーム対抗で行なったり、子どもの発達時期や興味に合わせて、いろいろルールを変更して楽しみましょう。人数が多い場合には、おにを増やすとあそびがスムーズになります。

もっとやりたい！またやりたい！運動あそび

うまくかわそう！ チャンバラ

用意する物 紅白帽、チャンバラ棒（30cm程度の長さ）

遊び方

1. 2つのチームに分かれ、それぞれ紅白の帽子をかぶる。
2. チャンバラ棒で、「いち、に、きった」と言いながら2回相手の体を切る（タッチする）。
3. 切られた子はその場でしゃがみ、どちらかのチームが全員切られたら終わり。

チャンバラ棒の作り方：新聞紙を丸めてビニールテープを巻く

ポイント

チャンバラ棒は、新聞紙を丸めて作ります。長すぎるとタッチするときにすぐに壊れるので、30cmくらいの長さがいいでしょう。ビニールテープを巻くと、より丈夫になります。顔はねらわず、肩や背中、お尻にタッチすることを伝えます。

『もっとやりたい！』を支えるヒント

ルールが分かってきたら、切られても仲間にタッチされたら復活できる「助けあり」ルールを導入すると、より楽しめます。

早く人間になりたい！？ 進化じゃんけん

運動あそび

おにごっこ・集団あそび　チャンバラ／進化じゃんけん

遊び方

1. 全員ワニからスタート。はって進み、出会った子とじゃんけん。
2. 勝ったらイヌになる。負けたらワニのまま移動して同じ動物とじゃんけんをする。
3. これを繰り返し、ワニ→イヌ→ライオン→人間に進化し、人間同士で勝った子どもは終わり。最後まで残った子は、最初に人間になった子どもとじゃんけんをする。

ワニ：腹ばいになってはう
イヌ：膝をついて移動する
ライオン：高ばいになって移動する
人間：歩いて移動する

ポイント

最初にそれぞれの動物の動きの違いを丁寧に説明します。地面に近い動きをすることで、全身の運動になります。

『もっとやりたい！』を支えるヒント

進化する動物を、他の生き物にしても楽しめます。カニ、カエル、ウサギ、バッタ、魚、ダンゴムシなど、動きに特徴のある生き物を、子どもたちと一緒に考えて取り入れると楽しいでしょう。

もっとやりたい！またやりたい！運動あそび

つながって追い掛けよう　くさりおに

遊び方

1. おにを2人決め、合図で、それぞれみんなを追い掛ける。
2. 捕まった子どもは、おにと手をつないで追い掛ける。先に、5人捕まえたおにの勝ち。

ポイント

手をつなぎ複数で走るので、障害物がなるべくない場所で遊びましょう。おに同士がぶつからないように、保育者が安全に留意してください。

『もっとやりたい！』を支えるヒント

場所の広さと人数に応じて、おにを2人以上増やして遊ぶこともできます。おにがたくさんいて、ドキドキ、ハラハラ。きっと盛り上がるでしょう。

ボールあそび

ボールあそびは、投げたり捕ったり、用具を操作する動きですが、ボールの動きに合わせて自分が動くことで、多様な動きを繰り返し経験・学習できます。
ボールはできるだけ多様な物（大きさ・硬さ・重さ・感触など）をそろえておき、ボールを操作する感覚を楽しめるようにしましょう。

落とさず捕ろう ノーバウンドキャッチ

用意する物 ボール

遊び方
ボールを両手で頭上に投げ、直接ボールをキャッチする。

『もっとやりたい！』を支えるヒント
真上に投げ上げてキャッチすることに慣れてきたら、少しずつ難易度を上げていきます。頭、肩、胸、お尻、膝など体をタッチしてから、拍手をしてからキャッチするのもいいでしょう。更に、ジャンプやケンケンパ、1回ターンするなど、その場で体を動かしてからキャッチすることにも挑戦してみましょう。

ポイント
頭上に投げたボールは、両腕で抱えるようにしてキャッチすることを伝えましょう。慣れてきたら徐々に高くボールを投げ上げます。ボールの軌道をよく見て、キャッチできるようにしましょう。

運動あそび　おにごっこ・集団あそび　くさりおに／ボールあそび　ノーバウンドキャッチ

> もっとやりたい！またやりたい！
> 運動あそび

2人組で楽しもう！ ノーバウンドキャッチボール

用意する物 ボール

遊び方

2人組になって、地面に落とさないようにキャッチボールをする。

片手投げのトラの巻

キャッチボールが苦手な子には、コツをつかみやすいように以下の点を伝えてあげましょう。動物になり切ることで、イメージもつかみやすく、誰でも簡単に投げられるようになります。

①トラになり切り爪を立て、肩の高さまで肘を上げてポーズ。
②「ガオー！」と吠えながら爪を振り下ろす。
③この動きを繰り返してから、爪の手にボールを持つ。
④軸足を一歩前に出し、ガオーっと振り下ろす要領でボールを投げる。

大事なポイント
●爪を立てるように、手をしっかり開いてボールをつかむ。
●肘を曲げて肩まで上げると、肩関節の可動域が広がり、投げやすくなる。

ポイント

初めは、保育者と子どもでキャッチボールをしましょう。ボールの軌道をよく見て、両腕で抱えるようにキャッチできるよう促します。

『もっとやりたい！』を支えるヒント

両手で下投げ、両手で上投げ、片手投げなど、その子の力量に合わせて、投げ方を変えましょう。

まりつき あんたがたどこさ

用意する物 ボール

遊び方

『あんたがたどこさ』の歌に合わせて、ボールをその場でリズミカルにつく。「さ」のところは、片足でボールをまたぐ。最後の「かぶせ」で、ボールを洋服の中に入れてキャッチする。

『あんたがたどこさ』歌詞

あんたがたどこさ
ひごさ　ひごどこさ
くまもとさ　くまもとどこさ　せんばさ
せんばやまには　たぬきがおってさ
それをりょうしが　てっぽうでうってさ
にてさ　やいてさ　くってさ
それを　このはで　ちょいとかぶせ

運動あそび

ボールあそび　ノーバウンドキャッチボール／あんたがたどこさ

♪あんたがた どこ

♪さ

♪かぶせ

ポイント

歌を口ずさみながらボールをつくと、しぜんとリズムを意識し、徐々に連続してつけるようになります。ボールをつくときは、ボールの真上から真下につくことを伝えましょう。

『もっとやりたい！』を支えるヒント

上達してきたら、またぐ足を逆にするなど、難易度を上げて挑戦してみましょう。

捕って、投げて、当てて ドッジボール

用意する物 ボール、ラインカー

遊び方

1. ラインカーでドッジボールのコートを描く。
2. グループ分けをし、人数に合わせて外野を決める。
3. ボールトスで開始。自コートから相手コートにボールを投げて当てる。
4. 自コートから出ないようにボールをよけたり、キャッチしたりする。
5. ボールが当たった子は、外野エリアへ移動。
6. 外野エリアの子は、相手コートの子にボールを当てたら、自コートに復活できる。
7. 自コートの子が最後の1人になったら、開始時に外野になった子が自コートに戻る。
8. コート内の子が全て当てられるか、終了時間になったらおしまい。

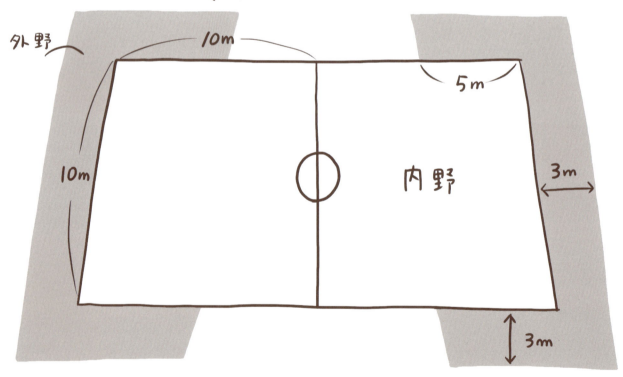

ドッジボールコート

ポイント

基本的には、ドッジ＝よけることが醍醐味です。ボールと、投げる相手をよく見ること、その相手から距離をとるフットワークの軽快さがいちばん重要です。そのフットワークのイメージがつかめるように、保育者が場所を移動しながら投げるまねをして、どの状況でどこに移動したらよいか、子どもたちが考えられるように練習をしましょう。

また、ボールは柔らかい物を使います。サッカーボールなど、表面の硬いボールは絶対に使用してはいけません。顔に当てないようにすることを伝え、安全に遊べるよう、保育者がゲーム運びをするように心掛けます。

『もっとやりたい！』を支えるヒント

ボールをキャッチして、投げる、当てることの楽しさを味わうと、何度でもやりたくなります。キャッチボールの上達がドッジボールの楽しさにつながります。意欲のある子はもちろん、投げることに自信のない子にもキャッチボールに誘っていきましょう。

運動あそび　ボールあそび　ドッジボール

もっとやりたい！またやりたい！運動あそび

縄跳びあそび

単に縄を跳ぶための道具としてではなく、縄の特性を多様に生かして、自由な発想であそびを展開していきましょう。その中で、順番を守ったり、友達に譲ったり、譲ってもらったりする経験を通して、協調性を育んでいきます。縄に引っ掛かって子どもが転倒しないように、安全への配慮も十分にしましょう。

コツをつかもう！ いろいろ短縄跳び

用意する物 短縄

縄を結ぶ・ほどく

縄を折りたたんで輪を作り、輪の中に手を通して折った部分を引き抜き、両端を引っ張って結ぶ。結んだらほどいてみる。

縄の長さを調整する

自分に合った縄の長さに調節する。縄を片足で踏み、握る部分が胸の高さになるようにする。

走りながら回して跳ぶ

縄を両手で持ち、体の後ろに置く。走りながら縄を前に回して、足元にきた縄を跳ぶ。

その場で回して跳ぶ

縄を両手で持ち、体の後ろに置く。縄を前に回して、足元にきた縄を跳ぶ。

連続してその場で両足跳び

一定のリズムで、前回し跳び・後ろ回し跳び・2人跳びを連続で行なう。

縄を回す動きは、肩を中心に大きく回すことを目指します。初めから前回し跳びに取り組むのではなく、縄を後ろから前に回す感覚をつかめるようにしましょう。
広めのスペースをしっかりとって、縄が他の子どもに引っ掛からないように気を付けましょう。

『もっとやりたい!』を支えるヒント

5歳児になると、目標達成に向けた意欲や向上心が強くなります。次にどんな技があるか、できるのかということが明らかになるとやる気が出ます。達成できたら印を押す、スタンプカードなどを作るのもいいでしょう。ただし、できた、できないだけで過大に評価をしないことが肝心です。

運動あそび　縄跳びあそび　いろいろ短縄跳び

挑戦してみよう！ いろいろ大縄跳び

用意する物 長縄

歌に合わせて跳ぶ

『大波小波』や『郵便屋さん』などの歌に合わせて、揺れたり、回ったりしている縄を跳ぶ。

連続跳び

縄の真ん中に立ち、その場で縄を回して連続で跳ぶ。

くぐり抜け（スルー）

回っている縄に走って入り通り抜ける。縄を回している保育者の横からスタートし、斜め向かいに走る。

入りこみ跳び（イン）

回っている縄に入り込んで、連続跳びを行なう。

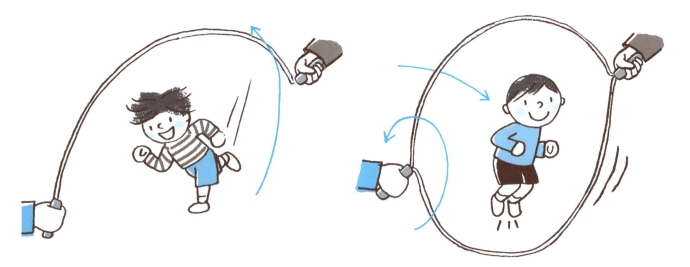

抜け出し（アウト）

跳んでいる状態から、走って抜け出す。

入り・抜け（イン＆アウト）

回っている縄に入って1回跳び、走り抜ける。

8の字跳び（エイト）

イン＆アウトを多人数で行なう。一度跳んだら向かい側に移動して再スタート。1往復で8の字になるように行なう。

運動あそび　縄跳びあそび　いろいろ大縄跳び

ポイント

連続跳びの場合は、跳ぶ位置がずれないことが大事なポイントです。回す人の正面を意識すること、ずれたら跳びながら元に戻るように伝えます。「くぐり抜け」の入るときは、縄が地面につくタイミングでスタートできるように声を掛けてあげましょう。

『もっとやりたい！』を支えるヒント

連続跳びができるようになると自信がついてきます。跳べた回数を記録したり、グラフを作ったりすると、子どもたちのやる気も出ます。8の字跳びの記録作りなども、複数の友達と一緒に楽しめるでしょう。

もっとやりたい！またやりたい！運動あそび

道具を使ったあそび

用具を操作しながら多様な動きを経験できるあそびです。身近にあるいろいろな物を使って、楽しいあそびになるように工夫します。子どもたちには、ちょっと難しいことに挑戦する経験も大切。
またやりたいと思えるように、子どもの特性に合ったことばがけを心掛けましょう。

フープを使って　フープ渡し

用意する物　フープ

遊び方

1. 5～6人でチームを作って縦に並び、先頭の子がフープを持つ。先頭の子はアンカーになる。
2. 先頭から、フープをまたぎながら股下から後ろの子に渡していく。
3. いちばん後ろまで渡ったら、フープを持って先頭まで走る。
4. これを繰り返し、最初に先頭だった子が戻ってきたら終わり。

ポイント

チーム同士で対決するときは、人数をそろえます。アンカーが分かるように、帽子をかぶるなどして、目印をつけるといいでしょう。

『もっとやりたい！』を支えるヒント

股下を通す以外に、上からや横を向いて渡す遊び方もあります。またフープだけでなく、ボールや積み木などでも代用できます。

お手玉を使って 投げ入れ競争

用意する物 お手玉

遊び方
1. ラインを2本引き、2つのチームに分かれ、それぞれライン上に立つ。お手玉はラインのそばに置いておく。
2. 合図で、お手玉を相手の陣地にめがけて投げ入れる。ラインの間に落ちたお手玉は、拾って自分のライン上に戻ってから投げる。
3. 終了した時点で、相手の陣地に多くお手玉が入ったチームの勝ち。

ポイント
お手玉は、たくさん用意すると投げる回数が増えます。多く用意できない場合は、新聞紙を丸めたボールを作り代用しましょう。

『もっとやりたい!』を支えるヒント
投げる動作が上手になってきたら、大きめのフープや縄などで陣地を作り、そこに向かって投げることもできます。

もっとやりたい！またやりたい！
運動あそび

積み木を使って 積み木リレー

用意する物 積み木

遊び方

1. 4〜5人のチームになり、1人1個ずつ積み木を持つ。
2. 5mほど離れた所にラインを引く。
3. 合図で、積み木を持って走り、ラインに積み木を置いてから戻る。
4. 次の走者は、その上に積み木を積む。崩れたら、積み直す。
   これを繰り返し、最後の子までリレーしていく。

ポイント

積み木はあまり高くなると、積み上げられなくなるので、1チーム4〜5人がよいでしょう。園にある積み木の大きさによって、人数を考慮しましょう。また、木製の積み木は崩れやすいので、ウレタン積み木など、当たっても痛くない素材が適しています。

『もっとやりたい！』を支えるヒント

いろいろな形の積み木を使って、どのチームがいちばん高く積むことができるかを競っても楽しいでしょう。

ボールを使って 宅配便競争

用意する物 ボール、新聞紙、カラー標識など目印になる物

遊び方

1. 2人組を数組作り、2つのチームに分かれる。
2. 新聞紙の両端を2人で持ってボールを載せ、スタートラインに立つ。
3. 合図で、ボールを落とさないように走り、目印を回って次の組に新聞紙とボールを渡す。
4. いちばん早く最後の組がゴールしたチームの勝ち。

運動あそび　道具を使ったあそび　積み木リレー／宅配便競争

ポイント

アンカーが分かるように、帽子をかぶるなどして、目印を付けるといいでしょう。
ボールを落としたらその場で拾います。走っている最中は、ボールに触れないようにバランスをとって走ります。

『もっとやりたい！』を支えるヒント

慣れないうちは、軽いボールより、やや重さがあるボールの方がバランスがとりやすいです。慣れてきたら、軽いボールや積み木、人形など、新聞紙に乗せる物を変えても楽しめます。

もっとやりたい！またやりたい！
運動あそび

伝承あそび

昔から親しまれているあそびを通して、友達とのふれあいを楽しめるようになります。また、ルールを守ったり、友達と協力し合ったりする心も育ちます。
伝承あそびは、夢中になって遊んでいるうちに、多様な動きを総合的に経験することになります。ふだんからぜひ取り入れたいものです。

ハンカチ落としゲーム たなばたさん

用意する物 ハンカチ

遊び方

1. みんなで円をつくり、内側を向いて座る。
2. おにを1人決め、おにはハンカチを持って円の外に立つ。
3. みんなが『たなばたさん』を歌っている間に、おには外側を回って誰かの後ろにハンカチを落とす。
4. ハンカチが落とされたことに気付いた子どもは、ハンカチを持っておにを追い掛ける。
5. おには1周回って、落とした子がいた場所に座る。途中でハンカチを落とした子どもにタッチされたら、地獄（円の中）に入る。地獄に入った子どもは、次に入ってくる子どもが来たら円の並びに戻ることができる。
   また、ハンカチを落とされたことに気が付かず、1周回ってきたおににタッチされたら同じように地獄（円の中）に入る。

運動あそび　伝承あそび　たなばたさん

♪たなばたさん　わらべうた

ポイント

遊ぶ場所が滑りやすい場合は、裸足になって行ないましょう。

『もっとやりたい！』を支えるヒント

歌以外の言葉は言わないようにすると、ハンカチを落とされた子に、歌いながら気付かせようと工夫します。そこがまた楽しいあそびです。

もっとやりたい！またやりたい！
運動あそび

門をくぐって まめっちょ

遊び方

1. 門役を2人決め、1人が「炒った豆」、もう1人が「炒んねえ豆」になって、両手をつないで門を作る。
2. 他の子は、2人組になって手をつなぎ、歌いながら門をくぐっていく。
3. 歌い終わったら、門役の子は手を下ろして門を閉め、門に引っ掛かった組に、小声で「炒った豆か炒んねえ豆、どちらがいい？」と聞く。2人組の子どもは、選んだ方の門の子の後ろに並ぶ。
4. 最後の2人組が門に引っ掛かったら、全員で聞く。
5. 全員が門の後ろに並んだら、「炒った豆」の子どもは手をつないで輪を作り、「炒んねえ豆」の子どもは、その輪の中に入る。
6. 3回歌をうたいながら、「炒った豆」の子は手を前後に揺らす（フライパン）。「炒んねえ豆」の子は跳びはね、フライパンで炒られているまねをする。

♪まめっちょ まめっちょ いったまめ ぼりぼり〜

運動あそび

伝承あそび　まめっちょ

「炒った豆」か「炒んねえ豆」どちらがいい？

ポイント

どちらの豆がいいかを聞くところでは、周りに聞こえないように小声で言うように伝えます。「炒った豆」の子どもたちには、フライパンになることを伝えるとイメージをもちやすいでしょう。

『もっとやりたい!』を支えるヒント

「トウモロコシの実」でポップコーンをイメージするなど、「豆」以外に、どんな物があるかを子どもたちと一緒に考えても楽しめます。

♪まめっちょ　　　　　わらべうた

まめっちょ　まめっちょ　いたまめぼりぼり　いんねえまめ
なまぐせ　すずめらも　まわっから　おれらも　まわりましょ

歌詞に合わせて動こう くまさん

遊び方

1. 2人組になって向かい合う。
2. 『くまさん』を歌いながら2人で同じ動作をする。
   「♪まわれみぎ」は、時計回りにまわる。
   「♪りょうてをついて」は、両手をつく。
   「♪かたあしあげて」は、片足で4回ジャンプする。
   「♪さようなら」は、お辞儀をする。
3. 歌い終わったら、次の人を素早く探して2人組になり、同様に繰り返す。

♪くまさん　　わらべうた

く ま さん　く ま さん　まわれ みぎ　く ま さん
く ま さん　りょう て を ついて　く ま さん　く ま さん
かた あし あげて　く ま さん　く ま さん　さ よう な ら

♪まわれみぎ

♪りょうてをついて

♪かたあしあげて

♪さようなら

ポイント

2人の息を合わせて、動作をそろえてみてもいいですね。体がぶつからないように、間隔を空けて行ないましょう。

『もっとやりたい！』を支えるヒント

まりつきや大縄でも歌いながら仕草をすることができます。また、集団あそびでは、2人組になり、内側と外側になるように並んで円になります。歌が終わったら、外側の子だけが1つ横にずれます。何回か歌うと、元のペアに戻ります。

転ばないように進めるかな？ 竹馬

運動あそび

伝承あそび　くまさん／竹馬

用意する物　竹馬

遊び方
1. 片手、片足を連動させて、竹馬1本を上下に動かす。
2. 反対の手足で、竹馬1本を上下に動かす。
3. 保育者に竹馬を支えてもらい、竹馬に乗る。
4. 手と足を連動させて、足踏みをする。
5. 安定してできるようになったら、前進する。

###
コツは、手と足をしっかりと連動させて上下させることです。リズミカルに連動できるようになれば、バランスもとれてきます。足はつま先に重心をかけ、やや短めに持つとやりやすいです。かかと側に重心がいくと、うまくいきません。竹馬を少し前に倒してバランスをとる感覚をつかめるように支えてあげましょう。

『もっとやりたい！』を支えるヒント

壁を使った練習法もあります。
①壁に竹馬を倒し、その場で足踏みをする。
②壁に背を向けて、足元をできるだけ壁に近付ける。背中が壁につかないように、その場で足踏みをする。うまくできると、そのまま歩けることも！
できるようになった子には、長い距離を目標にしたり、後ろ歩きや横歩きをしたり、いろいろ挑戦してもいいでしょう。

もっとやりたい！またやりたい！ 運動あそび

運動あそびの基本的な動き

幼児期は、生涯にわたって必要な運動の基となる「多様な動き」を習得する大切な時期です。あそびを通して、偏りなく、幅広く、動きを経験できるようにします。
基本的な動きは、大きく「移動」「バランス」「操作」の3つに分類され、経験と繰り返しで、この基本的な動きが洗練されていきます。運動あそびをする上で、知っておきたい情報・資料としてこのページをご活用ください。

移動 体の重心を移動させる動きです。全身を使うものが多く、「歩く」「走る」など、日常生活で欠かせない動きです。

バランス 体のバランスをとる動きです。「立つ」「起きる」など、生活動作に含まれるものが多く、体をコントロールして動作を安定させます。

操作 ボールを投げたり、物を運んだり、対象物の特性に合わせて、手や足、体を連動させ、コントロールしながら動かす動作です。

移動
体の重心を移動させる動き

歩く

走る

跳ぶ

跳ねる（スキップやギャロップなど）

バランス
体のバランextrasをとる動き

運動あそび / 運動あそびの基本的な動き

滑る

くぐる

立つ・片足で立つ

登る・よじ登る

踏む・踏みつける

立ち上がる－座る・しゃがむ

乗る・跳び乗る

かわす・よける

寝る・寝転ぶ－起きる・起き上がる

回る

降りる

入り込む（箱や枠などに）

転がる（揺れる）

止まる

はう

泳ぐ・もぐる

渡る

ぶら下がる

またぐ

逆立ちする

浮く

もっとやりたい！
またやりたい！
運動あそび

操作

対象物をコントロールしながら動かす動作

 持つ・担ぐ・持ち上げる−下ろす

 支える

 運ぶ・動かす

 押す

 つかむ

 積む・載せる

 引く・引っ張る

 回す

 振る（縄や棒など）

 投げる

 受ける・捕る

 打つ・たたく（ボールなど）

 転がす

 つく（ボールなど）

 蹴る

 こぐ（ブランコなど）

 こぐ（乗り物を動かす）

 しがみつく

 おぶう−おぶさる

 掘る

 すくう−かける

 縛る・結ぶ

見て、触って、
発見して！

自然あそび

葉っぱや花、風など、身近にたくさんの自然があります。
ここでは、その自然や季節も感じられるあそびのヒントを紹介します。
あそびの中で大切にしたいことやうまくいくコツなどの情報も満載。
自然を感じて遊び、学ぶ体験を、ぜひ子どもたちと一緒に！

見て、触って、発見して！
自然あそび

葉っぱで遊ぶ 春・夏

新緑から落ち葉まで四季の移り変わりとともに、
様々な表情を見せる葉っぱ。
春・夏・秋・冬、一年中子どもたちが楽しめるあそびがあります。

葉っぱで変身

お面や帽子として身に付けて、ごっこあそびを楽しんでみましょう。

エニシダの葉ドレス。

ユリノキの葉のお面。

ヤツデの葉の帽子。

シロツメクサ

編むことで冠やブレスレット・指輪もできます。

上手にできた指輪ににっこり。

たくさん摘んで花束に。

冠を付けて「はい、ポーズ」。

葉っぱのたたき染め

葉っぱによって色の出具合や濃さが異なります。シロツメクサや藍の葉など、色の出やすい葉っぱがおすすめ。

染める布や和紙の間に葉を挟んで、木づちで優しくたたいて染めます。

自然あそび

葉っぱで遊ぶ　春・夏

タラヨウの葉

はがきのもとになったといわれるタラヨウの葉。傷を付けた部分が黒く跡に残ることで文字を書いたり、絵を描いたりすることができます。

鉛筆削りで削った割り箸やくぎなど、先が尖った物で書きます。

葉っぱ集め

様々なテーマで葉っぱを探してみましょう。

ぎざぎざ・ふわふわ・きらきらした葉っぱを探して、種類ごとに分けて遊びます。

見立てあそび

それぞれの葉っぱの特徴を生かしながら組み合わせて遊びます。

集めた葉っぱと使う材料を一つのかごに入れておくと、いつでも見立てあそびができます。

ポイント
葉の他に小枝や種、目玉シールなどがあると表現の幅が広がります。

見て、触って、発見して！ 自然あそび

葉っぱで遊ぶ 秋・冬

落ち葉の通り道
落ち葉ならではの踏み心地や足音を味わいましょう。

落ち葉を集めて道を作り、ドンジャンケン。

光に透かして
ライトテーブルに葉っぱを置くと中が透けて見えます。葉脈や模様など科学的な視点での新たな気付きが生まれるでしょう。

ライトテーブルや懐中電灯などで葉を透かし、虫眼鏡で観察。暗い場所で見てみましょう。

落ち葉で作る
ひもに通して、アクセサリーやのれんを作ります。

ポイント
パンチで穴を開けておいた落ち葉に毛糸を通します。毛糸の先端は、セロハンテープを付けておくと子どもたちが通しやすくなります。

爪ようじにひもの先端を縛り付け、葉っぱに通して作ったネックレス。

毛糸を通して作った落ち葉のれん。

自然あそび

葉っぱで遊ぶ　秋・冬

絵を描く

落ち葉の上に透明のシートをかぶせて絵を描く楽しさを味わってみましょう。

落ち葉に顔を描いたり、家を描いたり、イメージを膨らませます。

葉を感じる

鏡や顕微鏡などを使って、視点を変えて葉を感じてみましょう。

顕微鏡で観察。肉眼では感じられない葉の表面を見ることができます。

手鏡を目元に置いて歩くと、葉の中を歩いている感覚が味わえます。

お気に入りの景色が見つかったら、そこにフレームを置いて景色を切り取ります。新たな美しさに気付くことができるでしょう。

マツの葉を使って

針の様な形をしているマツの葉。特徴的な形だからこそその楽しみ方がたくさんあります。

マツの葉人形でトントン相撲を楽しみます。

ペーパー芯に顔を描いて、マツの葉を入れるとマツの葉人形の出来上がり。マツの葉が髪の毛になって美容院ごっこを楽しめます。

> **ポイント**
>
> 葉っぱそのものの感触や匂いを感じたり、様々な素材と組み合わせたり、遊び方は多様にあります。その時季の葉っぱの特徴を生かして遊んでみましょう。また、自然の変化に意識を向けられる配慮も大切です。

見て、触って、発見して！
自然あそび

花で遊ぶ 春・夏

子どもたちの生活を豊かに彩る花々。
色・香り・感触、花の美しさを
存分に感じながら遊んでみましょう。

フラワーアレンジメント

お気に入りの花を集めて、花束にしたり、生けたり、アレンジを楽しみます。

透明の花瓶に生けて。

摘んだ花を束ねて包装紙で包み、花束作り。

土に寄せ植えして。

ハーバリウム

瓶の中に閉じ込めて、液体の中に花びらが浮かぶ美しさを感じられます。

ポイント
ドライフラワーにした花を瓶に入れて、ベビーオイルを注ぐと生花より長く楽しむことができます。

ドライフラワー

ゆっくりと質感や色が変化していく様子を楽しめます。生花にはない独特の質感が魅力です。

麻ひもに木製クリップを付けて、子どもが自分で扱える高さに設置します。

色水作り

透明だった水がきれいな色へと変化していきます。色水を作る過程も、作った後も楽しむことができます。

ジュース屋さんごっこを楽しみます。

ポリ袋に入れてもんで、色を出します。

すり鉢とすりこぎで色水作り。

花で遊ぶ 秋・冬

自然あそび 花で遊ぶ 春・夏・秋・冬

花びらでアート

透明のシートをワイヤーで作った枠に貼ってキャンバスにします。アートするおもしろさを感じられるでしょう。

葉っぱの形の透明キャンバス。

花びらに光が透けてとてもきれい！

花びらドレス

花びらをスカートや洋服に見立てるとすてきな絵になります。

子どもたちのイメージが膨らむよう、様々な方法で描かれた花びらアートを展示します。

水時計

花びらが水の中で舞う様子を楽しめます。

ペットボトルに花びらと水を入れ、もう1本のペットボトルの口同士をくっつけてビニールテープで巻き留めます。

> **ポイント**
> 花は、美しいからこそ自然を大切にする心を育むには最高の素材です。あそびを通して子どもたちが自分で考え、判断できるようになることが大切です。

見て、触って、発見して！ 自然あそび

実で遊ぶ 春・夏

ピカピカに輝くドングリや、立派なカサのマツボックリ。
実は集めるだけでも宝物を探すようなワクワク感があります。
飾ったり、コロコロ転がしたり、製作の素材にしたり、
あそびの中でも大活躍してくれます。

味わう
実をそのまま食べたり、シロップやジャムを作ったり、様々な方法で味わえます。

ウメシロップ作り。爪ようじを使ってウメのへた取りをします。

ポイント
漬け始めた日が異なる瓶を置いて、ウメのしわやシロップの色の変化に気付けるようにします。

道具を使って
目的に応じて擦る・砕く・潰すなど道具を使い分けながら遊びます。

石板と角材で実を潰したり、こすったりすることができます。

カリンシロップ作り。薄く切って砂糖と一緒に漬け込みます。

薬研（やげん）で砕きます。

擦り下ろし器を使って、擦り下ろします。

○×ゲーム
3×3のマス目と実があれば、どこでも白熱した戦いが繰り広げられます。

マツボックリや太い枝を輪切りにした物をこまにして遊びます。
自分のコマが縦・横・斜めのいずれかに3列並んだら勝ちです。

実で遊ぶ 秋・冬

木の実で製作
それぞれの実の特徴を生かして活用してみましょう。

マツボックリ人形。

キャンドル立て。

フォトフレーム。

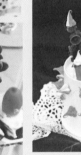

デコレーションケーキ。

接着剤の貼り絵。

オーナメント。

> **ポイント**
> ドングリの中には虫がすみついている場合があります。熱湯でゆでたり、冷凍庫で凍らせたりした後、しっかりと乾燥させてから使いましょう。

カキの皮アート
実を味わった後は、皮と種で楽しみます。

カキの皮と種を使って顔に見立てます。

ドングリを使って
ドングリで楽しい作品をたくさん作りましょう。

様々な人形をたくさん作って、ドングリマンションに集合！

ドングリで看板作り。

ペーパー芯で道を作って、コロコロゲーム。

キリで穴を開け、爪ようじを挿して作ったドングリごま。

自然あそび　実で遊ぶ　春・夏・秋・冬

見て、触って、発見して！
自然あそび

枝で遊ぶ 春・夏

園庭や公園に落ちている枝。
長さや太さの違いを生かしながら
様々なあそびを楽しんでみましょう。

見立てじゃんけん
自然物をグー・チョキ・パーに見立てて
じゃんけんをしてみましょう。

ポイント
グーは石、チョキは分かれている枝、パーは葉っぱなど、子どもたちと一緒に考えてみるのも楽しいでしょう。

軸木あそび
細かく切った枝を木工用接着剤で貼り付けていくと、街のような迷路の世界が広がります。

迷路作り
枝を壁にして、難易度も自由自在。

ポイント
ビー玉を転がしては枝を貼り直して…、何度も調整しながら遊べます。

マイツリー
お気に入りの枝を木に見立て、ボタンやフェルトで飾り付けします。

枝で遊ぶ 秋・冬

自然あそび / 枝で遊ぶ 春・夏・秋・冬

オブジェ作り
彩り豊かな毛糸を巻いて、おしゃれに飾り付けを楽しみます。

糸掛け。

モビール。

紙粘土
枝と組み合わせることで表現の幅が広がります。

雪だるま。

枝を刺したり、巻き付けたり様々な方法で枝と粘土を組み合わせて遊んでいます。

アクセサリー作り
輪切りの木を土台にしてスパンコールやビーズでデザインします。

綿棒に接着剤を付けて貼り付けます。

リース作り
輪切りにした木の上に枝や実、毛糸を飾り付けます。

ポイント
枝を使って製作などをする際は、せん定バサミを使い、子どもが扱いやすい長さにしておくといいでしょう。
長い・短い・太い・細い・直線・二股など、様々な長さや形があるからこそ、子どもたちのアイディアが豊かになっていきます。

ポイント
接着にはグルーガンが便利です。扱いには十分注意して使いましょう。

見て、触って、発見して！
自然あそび

風で遊ぶ

心地よい春風、厳しい北風、
四季折々の風を全身で感じましょう。

身に付けて

アイテムがあることで、視覚的にも風を感じることができます。

チラシを棒状にしてスズランテープを付けた物。

ペットボトルで手作りした風車を持って風を感じます。

築山の頂上で風を感じて。

こいのぼり

大空を気持ちよさそうに泳ぐこいのぼり。風が強い日、弱い日の泳ぎ方を子どもと一緒に注目してみましょう。

大きい段ボールで作った大型うちわ。こいのぼりが気持ちよく泳げるように力を合わせてあおいでいます！

ブルーシートを縄に通します。強風が吹くとブルーシートが踊るように舞い上がります！

クラスみんなで作ったこいのぼり。

ダイナミックな環境で

ダイナミックな環境を用意し、風を思い切り感じてみましょう。

ターザンロープで遊びます。

スズランテープを木にくくって。風が吹くとスズランテープが動き、バチバチと音を立てます。

ポイント

目には見えない風だからこそ、風を視覚的にも感じられる工夫をします。そのことによって、子どもたちの知的好奇心がくすぐられるでしょう。

石で遊ぶ

丸・三角・四角、様々な形や大きさの石に
たくさん触れてあそびに生かしてみましょう。

自然あそび　風で遊ぶ／石で遊ぶ

宝石作り

石を宝石に見立ててあそびが広がりました。

採取した石をピカピカに洗い、きれいに並べて宝石屋さん。指輪も作ってみました。

重ねる

バランスをとりながら積み重ねて遊びます。

何個重ねられるか挑戦中！

投げる

的に向かって投げて遊びます。

ポイント
円の大きさを変えたり、得点を付けたり、子どもたちの姿に応じてゲーム性を高めると盛り上がるでしょう。

絵を描く

石を使って描いたり、石そのものに描いたり、楽しみ方はたくさんあります。

石に描いたケーキ・顔・おにぎり。

石に絵を描きます。
石を使って地面に描きます。

ポイント
石の特徴である硬さや表面の違いなど、たくさん触れて感じましょう。丸い石や平べったい石など、様々な種類があると楽しみ方が広がります。

見て、触って、発見して！
自然あそび

様々な自然あそび

葉・花・実・枝・風・石以外にも、
音、水、光、雨、虫など子どもたちの五感を刺激してくれる自然はたくさんあります。

音を感じる

耳を澄ませてみると、虫の鳴き声、草花が擦れ合う音など様々な音に気付くでしょう。

森の中で耳を澄ませて。

聴診器で木の音を聴きます。

水を感じる

感触を味わったり、地面に描いたり、身近にある水のおもしろさも感じましょう。

水たまりの中に入って、感触を確かめています。

地面が大きなキャンバスに。水で描いては乾かすを繰り返して楽しみます。

光を感じる

光の美しさや、光と影のコントラストを楽しみましょう。

段ボールハウスの窓に、クリアフォルダーに描いたステンドグラスを付けて、色のついた影を楽しみます。

雨を感じる

雨を感じられる環境が保育を豊かにしてくれます。

雨が降るとくるくると回る水車。

塩ビ管から雨水が窓ガラスに流れる仕掛け。

ポリ袋をつるして。雨粒が流れる様子や音を楽しむことができます。

94

自然あそび　様々な自然あそび

木登り

木は自然のアスレチックです。何度も挑戦することで身のこなしも巧みになります。

流木を倒してバランスをとりながら渡ります。

木の上からだからこそ見える景色が！

虫採り

息を潜めて真剣勝負。虫採りを楽しみます！

捕まえた虫で標本作り。

ポイント
捕まえた生き物は、クラスで大切に飼育してみてもいいでしょう。命の大切さを感じる経験になるはずです。

サツマイモで

実を味わって、ツルを製作に使って、様々な方法で楽しめます。

ツルを使って、リース作り。

「焼き芋、最高！」。

ツルを使って縄跳び。

野菜スタンプ

野菜の断面をスタンプして、美しい模様を楽しみましょう。

タオルなどの布に絵の具を染み込ませ、それをスタンプ台にして野菜の断面に色を付けます。

野菜によって、模様の違いを楽しんでみましょう。

見て、触って、発見して！
自然あそび

お米作り

田植えから収穫まで、1年をかけてお米の生長を感じましょう。

田植え。

イネ刈り。

収穫したイネ。

ポイント
プランターや発泡スチロールでもイネを育てられます。

氷を作る

寒い季節だからできるあそびを楽しみます。

丸いステンレス製の皿に水を入れて戸外で氷を作ります。円形の氷がたくさんできました。

様々な自然物や素材を入れて。

雪で遊ぶ

冬ならではのあそびを楽しんでみましょう。

雪だるまを作って絵の具で色を付けたり、お絵描きしたりして遊びます。

子どもと一緒にそり滑り。

かまくらを作ってみました！

ポイント
地域によって、生息する動植物や発生する自然現象が異なります。それぞれの園や周囲の環境を十分に生かし、保育者も工夫しながら子どもたちの経験へつながるように自然あそびを楽しみましょう。

子どもの興味から始まる！

造形あそび

子どもたちは興味をもったものに主体的に関わり、
その過程の中に深い学びがあります。
素材や道具の置き方などの環境設定を提案します。
実際に子どもたちが行なった造形あそびの事例をもとにご紹介。

> 子どもの興味から始まる！
> 造形あそび

造形あそびが豊かに発展する
環境構成と素材・道具の工夫

子どもたちの姿を予測し、どんなことに興味・関心があるのか、そして、どんな経験をさせたいのかを考えて、あそびが豊かに発展する環境構成を考えていきます。
大切なポイントは、①子どもの年齢や発達、興味・関心に合った環境になっているか。②安心して遊べ、生活しやすい空間になっているか。③様々な種類の物や素材、道具などが用意され、ある程度自由に取り出せるようになっているか、などです。
状況に応じて、常に作り変えられるような場（環境の再構成）にしたいものです。そして、子どもが興味をもったあそびの環境を、子どもたちと一緒に作っていく保育を心掛けたいですね。

環境構成のポイント　子どもたちが作りたい物に合わせた「使いたい素材」や「必要な道具」が自由に選択できるように工夫しましょう。

ポイント1　素材や道具は、種類別・用途別にまとめる

素材やハサミ・セロハンテープ・のり・色鉛筆などの道具は、種類別・用途別に容器に入れておきます。どこにどの素材や道具を戻せばいいかが明確になるように、フックに掛けたり、引き出しに入れたりして、分かりやすく分類しておきます。

のり、セロハンテープ、接着剤は「貼る」という用途が同じなので、一つのケースに一緒に入れておくと使いやすい。

写真を貼って、しまう場所を分かりやすく。

ストロー、割り箸、輪ゴム、爪ようじ。

石や貝殻などの自然物は、種類ごとに分けて。

テープ類、針金はフックに掛けて。

ハサミ（幼児用・段ボールバサミ・左利き用バサミ）、のり、接着剤、セロハンテープ・クラフトテープ・ペン類（油性・水性・ポスターカラー）などの道具は、同じ棚の上に置く。棚の引き出しには、段ボール、新聞紙、トイレットペーパーやラップの芯などの素材を入れる。

ポイント2　仕切りのある容器を使う

仕切りのある容器を使うと、素材別、色別などに分けられ、素材ごとに入れることができて便利です。

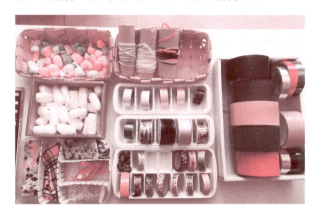

長さや場所を自由に変えられる仕切りを入れた容器。

マスキングテープ、ビニールテープ、キラキラテープは、「テープ」のカテゴリーで収納。

製氷器を活用。ビニールテープやリボンを入れるのに便利。

造形あそび　環境構成と素材・道具の工夫

ポイント3　棚や壁面を有効活用する

種類別に棚に並べて収納すると便利です。また、格子状のラックやコルクボードを取り付けて、壁面も有効に活用できるようにします。また、既存の棚がある場合は、引き出しを取り除いて木枠を利用してみましょう。

針金やビニールテープを掛けたコルクボードは、壁側につるす。その下に棚を置き、木材や自然物などの素材を置く。

中身が見える透明な容器に入れて。
1段目：リボン、レース
2段目：ボタン、スパンコール
3段目・4段目：ビーズ

子どもの興味から始まる！造形あそび

素材・道具の工夫

子どもたちが使いやすいように工夫しましょう。

素材

キラキラテープ

金属的な感じの、きらきら反射する素材のテープ。製作のアクセントなど、幅広く使えます。

カラービニールテープ

ビニール製の粘着テープ。色も豊富で、模様や絵にして製作物の装飾に使ってもすてきです。

スズランテープ

カラフルな色がそろっているので、ポンポン作りに、編んだりお花にしたり、工作素材としても活躍します。

30cmくらいの長さに切って、色ごとにまとめてつるしておくと、使うとき便利です。

毛糸

トイレットペーパーの芯に巻き替えておきます。毛糸が絡まりにくく、使いやすいです。

色画用紙

適度な厚みと丈夫さのある紙。色も豊富で、様々な製作に大活躍します。

色別にクリアファイルに入れておき、立てて収納しておくとかさばらず便利です。

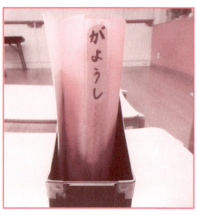

造形あそび

環境構成と素材・道具の工夫

色紙
クリアケースに色ごとに分けて収納しておくと、子どもが取り出しやすくなります。

割り箸
木工製作やペープサートの絵人形作りに使えます。たくさんストックしておくと重宝します。

カラーポリ袋
色のバリエーションがあり、衣装作りに活躍します。

袋のままの状態ではなく、切り開いておくと服を作るときに使いやすいです。

空き箱
様々な形状の物をストックしておくことで、製作のアイディアが広がります。

ストロー
カラフルな色や口先が曲がるタイプの物など、たくさん用意しておくと便利です。

1〜2cmの長さに切って容器に入れておくと、ひも通しをする製作に使えます。

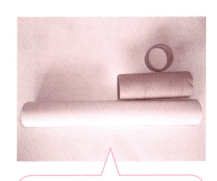

紙芯
ラップやトイレットペーパー、クラフトテープなどの芯は、様々な工作に使えます。

子どもの興味から始まる！造形あそび

透明カップ
中が透けて見えるプラスチック製のカップ。プリンやゼリーなどのカップもストックしておくと便利です。

紙カップ
サイズや形状など、いろいろな種類があると便利。そのまま使ったり、切って使ったり、工作の幅が広がります。

紙皿
大小そろえておきます。切ったり、貼ったり、色を塗ったり、製作あそびに活躍します。

モール
細い針金が通っているので、曲げたりねじったり自由自在。草花や人形、動物などの製作に欠かせない素材です。

レース
衣装などの装飾に。華やかさが増します。ペーパー芯などに巻き替えておくと使いやすいです。

スパンコール
衣装作りや製作のアクセントに。散らばったり、紛失したりしないように蓋付きの容器に入れておきます。

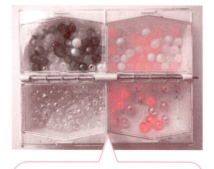

ビーズ
透明のケースに、色や種類ごとに分けて入れておきます。中身が見えると子どもが選びやすくなります。

木材
木工製作の場にそのまま持っていけるように、容器に入れておきます。

リボン
衣装作りや小物のアクセントに。太さや柄の違う物を用意します。

ボタン
選びやすいように、中身が見える透明な容器に入れておきます。

針金
色別にフックに掛けて収納すると使いやすいです。

道具

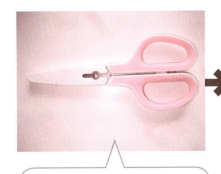

段ボールバサミ
段ボール板など厚くて硬い物がよく切れます。鋭い切れ味なので、取り扱いには十分注意します。

段ボールバサミと幼児用のハサミは分けて入れておきます。使っていない時は、必ずキャップがしまっていることを確認します。
また、左利き用のハサミも用意しておきます。

でんぷんのり
色画用紙などの紙質を接着するのに向いています。手に付いても水で洗えば落ちるので、扱いやすいです。

セロハンテープ
透明なセロハンに粘着剤が塗ってあるテープ。カッター台に入れて使うと便利です。

「貼る」という用途が同じ物は、1つのトレーに入れておきます。接着剤も一緒に入れて。片付けやすいように、写真を貼っておきます。

色鉛筆
立てておくと危険なので、横にして。複数のケースに分けておけば、各テーブルに持っていきやすいです。

塗り絵や自由画帳が入っているケースの上に色鉛筆を置いておくと、お絵描きなどするときにすぐに使えて便利です。

ペン類
容器ごとにペンの種類を分けておきます。用途に応じた場所に、そのまま持っていくことができます。

造形あそび　環境構成と素材・道具の工夫

子どもの興味から始まる！造形あそび

大きな物を作る

みんなで協力し、アイディアを出し合いながら共同制作する楽しさを体験できます。

【あそびの始まり】夏祭りのクラスゲームをみんなで作りました。この頃、クラスでだし作りを行なっていたので、子どもたちが「おわんの中にだしを入れる」というゲームを考えました。

素材・道具の工夫とポイント

- キャップのあるものを使用し、使用していないときは必ずキャップがしまっていることを確認します。
- 段ボールバサミと幼児用バサミは、別の容器に入れて分けておきます。

段ボールバサミはよく切れるため、使い方には十分留意し、適した素材のみに使用するよう、子どもたちに伝えていきます。
また、ハサミの経験が少ない子や、ハサミを使うことが得意ではない子にとってはリスクもあります。個々のハサミの経験によって、使い方を考えて配慮する必要があります。
特に心配のある子には、保育者が一対一で段ボールバサミの使い方や持ち方を伝えていきましょう。

初めて段ボールバサミを使う際には、保育者が後ろから手を持ち、一緒に切ります。段ボールが硬いときは、保育者が段ボールを持って支えます。

段ボールで小さなおわんを作る

段ボールの蓋の部分を段ボールバサミで切り取り、クラフトテープで周りを貼り留めます。

2 絵の具で色を塗る

絵の具でおわんに色を塗ります。

素材・道具の工夫とポイント

- 絵の具は色が分かるようにキャップ側を奥にして横に並べます。
- 使用するときは、絵の具用バケツ・太めの筆を用意します。
- 絵の具・バケツ・筆は、同じ所に置いておきます。

造形あそび　大きな物を作る

3 大きなおわんを作る

切り開いた段ボールを2つ組み合わせて大きなおわんを作り、色を塗っていきます。

4 おわんの中に入れる、煮干し・だしを作る

煮干し
透明なラッピング袋の中に、子どもたちが描いた魚の絵を入れてリボンで結ぶ

だし
カップの中に黄色いスライムを入れた物。
投げて入れることを考え、重さを出すためにスライムを使用

> 子どもの興味から始まる！
> 造形あそび

5 ゲームの看板作り

看板の大きさに合わせて段ボールを切り、画用紙を貼ります。

切りにくい場合は、保育者が段ボールを持ちます。

色鉛筆で下書きを書く

下書きした文字を絵の具でなぞる

看板の完成！

「おわんゲーム」の完成。大きさの違う3種類のおわんを作り、おわんごとに点数を付ける

作ったゲームで夏祭りを楽しむ

「おわんゲーム」以外にもゲームを作って、夏祭り当日、大いに盛り上がりました。

造形あそび

大きな物を作る

好きなだしを選んで、茶わんの中に投げ入れる

保護者に子どもたちのあそびの様子を伝えるため、ゲーム作りをしている様子やだし作りをしているときの写真を、ゲームに貼って紹介します。

輪投げゲーム
発泡スチロールを絵の具で塗り、3つ縦に貼り合わせてつなげる。輪投げを引っ掛ける部分は、木の枝や木材を接着剤でつける

輪
シリコン製のバンドを編んで作った大きな輪っかの中に針金を通す

子どもの興味から始まる！造形あそび

衣装を作る

いろいろな裁縫道具を使って、自分のイメージする衣装を作る楽しさを体験します。

【あそびの始まり】 カラーポリ袋で服作りを楽しんだ子どもたちが、布での服作りにも興味をもったため、縫い物として服作りが楽しめる環境を用意しました。

「衣装を作る」環境づくりのポイント

用意した素材と道具

不織布／刺しゅう糸／ファスナー／ビーズ／スパンコール／ボタン／ボンボン／リボン／レース／布切用バサミ／針（長くて太い物）／針山／糸通し／木製洗濯バサミ

不織布 窓に吸盤を付けて突っ張り棒を掛け、不織布を通しておきます。

ファスナー／レース
色やサイズごとに分けて、洗濯バサミに挟んでつるしておきます。

糸通し　**刺しゅう糸**

布切り用バサミ

刺しゅう糸を色ごとに木製の洗濯バサミに巻き付けておきます。

針の管理の仕方
針山に1〜10までの数字を書き、数字の場所に針を刺しておきます。何番の針をどの子どもが使用しているのかを保育者が確認し、片付けの際には、同じ番号の所に針を戻すようにします。

縫い物道具（刺しゅう糸・布切り用バサミ・針・針山・糸通し・糸くず入れ）は一式同じ入れ物に入れておきます。

ピンクの容器は糸くず入れ。縫い物中に出た糸くずを入れ、まとめて捨てるのに便利。

糸を切る長さや小物などの型紙は、厚紙にクラフトテープを巻いて作っておきます。子どもたちが自分で型をとるのに便利です。

子どもたちが作った服は見える所に掛けておきます。

ヒーローの服作り

テレビのヒーローに憧れていた男児が、不織布でヒーローの服作りを始めました。

造形あそび　衣装を作る

1 服の型をとって縫う

不織布に型紙を合わせて色鉛筆でなぞり、布切り用バサミで切って縫い合わせていきます。

> 糸の長さは、あらかじめ作っておいた型紙に合わせて切ります。

2 ボタンを付ける

洋服の前側にボタンを縫い付けます。

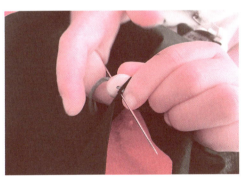

> ハロウィンのときに着て楽しみました！

3 お面を作る

ヒーローの写真を型紙にし、フェルトでお面を作ります。

スカート作り

女の子はスカート作りから始めることが多いです。
縫う場所が分かりやすいので、初めて服を作る子にはおすすめです。

1 ゴム通しの部分を縫う

不織布を長方形（縦70㎝・横100㎝）に切り、上10㎝程を折って縫います。
ゴム通しの部分を縫ったら不織布を半分に折り、縦を縫っていきます。

折った部分に洗濯バサミ8～10個を留めておくと、縫いやすくなります。

洗濯バサミは、小物入れに入れておきます。

2 ビーズを縫い付ける

裾にビーズを1つずつ縫い付けていきます。

3 ゴム通しをする

最後にゴムを通します。

かわいいスカートの完成！

トップス作り

スカートが作れるようになると、「上の服も作ってみたい」という思いが生まれます。

造形あそび　衣装を作る

1 型をとる

不織布に型紙を合わせて色鉛筆でなぞり、布切り用バサミで切ります。

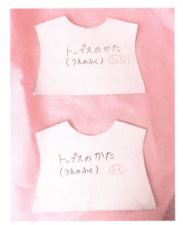

型紙はセロハンテープで留めるとずれにくく、線が引きやすくなります。

2 縫い合わせる

両肩と両脇を縫います。脇は半分まで縫い、手を通す部分を残します。

赤いビニールテープの所を縫います。

トップスの完成！

ワンピース作り

スカートとトップスの作り方が分かると、2つをつなげてワンピースにする子どもの姿が出てきました。
スカートの中にトップスを逆さまにして入れ、2枚を一緒に縫い合わせます。縫い終わった後に中からトップスを引き出して完成です。

ワンピースの完成！　スカート部分は赤い色を組み合わせて

子どもの興味から始まる！
造形あそび

針金で遊ぶ

針金は自由自在に形が変えられるので、自分のイメージを形にしながら作っていける楽しさがあります。

【あそびの始まり】素材として針金を出すと、男の子を中心に自転車や車、電車など興味のある物を作って楽しむ姿が見られました。

素材・道具の工夫とポイント

- 針金は、コルクボードにフックを接着した物に掛けておきます。
- 針金はハサミで切りやすいように柔らかい物を使用。
- 針金を切るときは段ボールバサミを使用し、切りにくい場合は保育者が一緒に切ります。
- 針金を使い終わった後は、針金の先端が出ていないことを確認してからしまいます。
- 子どもの作品も完成した後は、針金が飛び出ていないかを確認します。

1 乗り物・標識を作る

自転車や車、道路標識の写真を見ながら、立体的に表現して作ります。

自転車

バイク

車

車作り

道路標識の一覧表を掲示すると、表を見ながら様々な標識を立体的に作って楽しみます。

信号機

道路標識

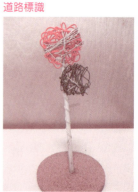
道路標識

2 身に付けられる物を作る

メガネ・ネクタイ・ブレスレット・ネックレスも針金で表現して作ります。

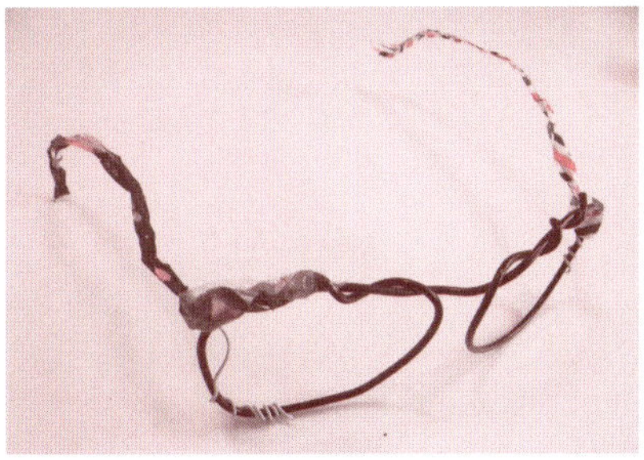

造形あそび　針金で遊ぶ

メガネ

耳に掛ける部分はマスキングテープを巻きます。

完成したメガネは、スノコに掛けて飾ります。

ネックレス

針金で花の形を作り、花の中心にビーズを付けます。

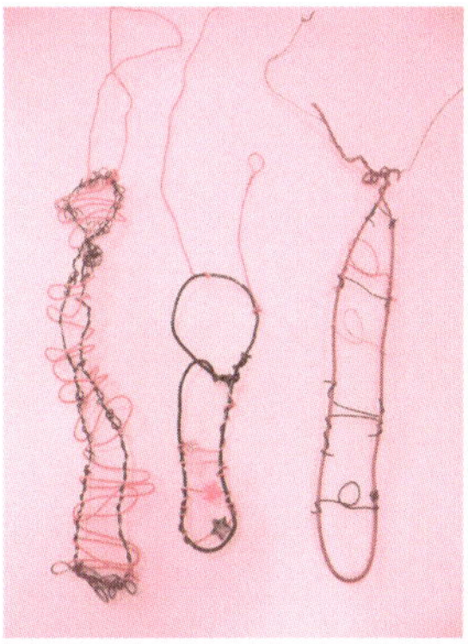

メガネとネクタイはマネキンに付けて飾っても。

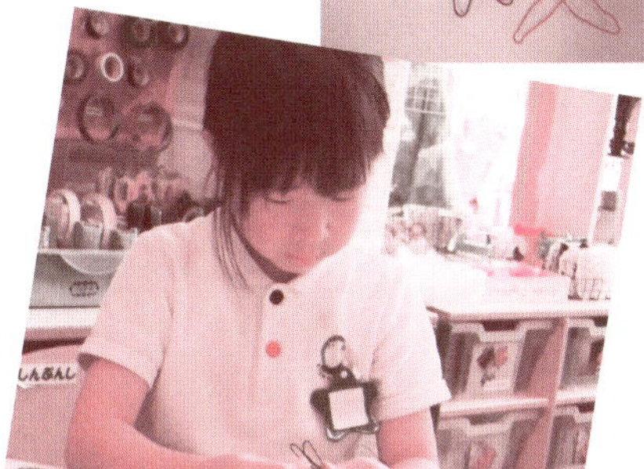

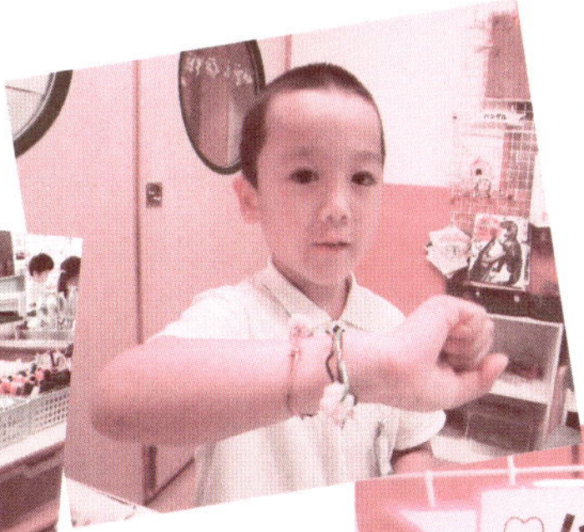

ネクタイ

バングル

針金にビーズやマカロニを通して腕の大きさに合わせて巻きます。

突っ張り棒に通して飾ります。

♡バングル♡

3 シャボン玉で遊ぶ

針金で星の形のステッキを作ると、「これ、しゃぼん玉に使えるかも」という子どもたち。予想以上にうまくシャボン玉ができ、枠作りで盛り上がります。

液をたっぷり付けて

針金で作ったシャボン玉の枠と一緒に、シャボン玉液とおけを用意します。

シャボン玉遊びを楽しむ

4 クリスマスツリー作り

クリスマスの時期になると、針金でツリー作りを楽しみます。

大きなクリスマスツリー作り。緑色の網目状になっている針金を使って作ります。

ミニクリスマスツリーは、針金にマカロニ・ボンボンなどを付けて作ります。

発泡スチロールにワイヤーを巻き付け、上にビーズなどの素材を貼り付けたオーナメント。完成したオーナメントは大きなツリーに飾ります。

5 電車作り

電車の本や地域に走っている電車の写真をファイルにまとめておくと、その写真や本を見て自分の好きな電車を針金で作り始めました。

造形あそび　針金で遊ぶ

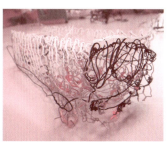

電車の写真、電車関連の本を置きます。同じ場所に子どもたちが作った電車も飾っておきます。

発展　ジオラマ作り

様々な電車が完成すると「電車を走らせる所がほしい」と、駅や線路、駅周辺の建物などを作ってジオラマ作りを始めます。

ジオラマには、針金・木材・コルク・画用紙・ビニールテープを使って作ります。

コルクで線路作り

木材で駅を作る

みんなでイメージした町や駅を様々な素材を使って表現します。

子どもの興味から始まる！造形あそび

光と影で遊ぶ

光の不思議さを感じたり、映し出される影絵あそびの楽しさを味わったりできます。

【あそびの始まり】「光」に興味をもっていたため、ルーペや様々な紙を用意。ルーペで紙に光を集めて実験したり、影絵あそびに発展したり、「光」に対する興味が高まりました。

「光と影で遊ぶ」環境づくりのポイント

光の実験

ルーペで紙に光を集めるなどの「光の実験」に必要な道具（実験の本・黒い布・ビン・カップ・割り箸・アルミはく）をまとめて棚に置きます。

光る素材（ビー玉・ビーチグラス・細かく砕いたCD）を用意します。

1 暗室作り

光の実験をしているうちに「もっと真っ暗な場所で試したい」という思いが芽生えます。しかし、園内に真っ暗になる場所がないので、暗い部屋を自分たちで作ろうと、暗室作りが始まります。

不織布に2か所穴を開け、麻ひもを通して突っ張り棒に結び付けます。

外側から麻ひもを通す子と内側から麻ひもを引っ張る子で協力し合います。ひもを何度か往復させると強度が増します。

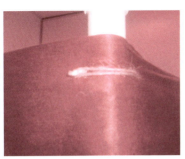
突っ張り棒に結び付けた麻ひも

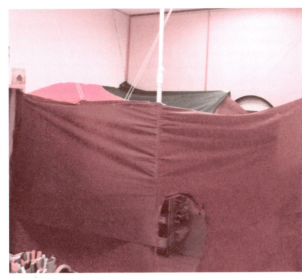
屋根の部分も不織布で作ります。

造形あそび 光と影で遊ぶ

2 部屋をもっと暗くするために

不織布で作った部屋では光を通してしまうことに気付き、内側に黒いフェルトを縫い付けます。

3 影絵あそびの始まり

暗い部屋が完成すると、部屋の中でライトを使って遊びます。自分の手をライトに照らしたときに影ができることに気が付き、「影」でのあそびが更に発展していきます。

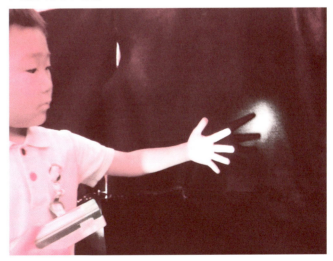

小さいライトを3、4個用意します。その他にも懐中電灯や押しボタンタイプの丸いライトなどもあると、より楽しめます。

117

子どもの興味から始まる！造形あそび

4 自分の絵を影で映したい

自分の絵を影で映したいと、自由画帳に好きな絵を描いて切り抜き、ライトで照らしてみます。

切り抜いた絵

自由画帳に描いた絵では紙が薄くてうまく影が映らなかったので、
今度は画用紙に絵を描いて切り抜き、裏側に割り箸を付けてみます。

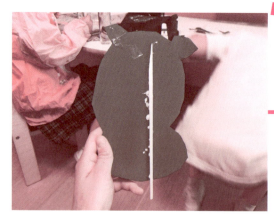

絵の裏に割り箸を付けて

影ができるか試してみる

暗室の中に白の不織布で
スクリーンを作りました。

5 影絵の物語を作る

影絵あそびで考えた物語を紙に書いて台本作りを行ない、友達と一緒に物語を作っていきます。

造形あそび　光と影で遊ぶ

子どもたちが考えた台本

子どもたちの興味やあそびの中でしぜんに文字に親しんでいくことができます。

作ったキャラクターで、影絵をやってみる

子どもたちが作った影絵用のキャラクターは、発泡スチロールに挿しておきます。

光の実験ができる素材や道具と一緒に、子どもたちが作った影絵の道具も置いておきます。

影絵の参考となる写真や絵本を用意します。

子どもの興味から始まる！
造形あそび

色水・染め物を楽しむ

戸外で採取した草花で色水を作ります。作った色水で描いて遊んだ後は、花や枝、他の素材で染め物をして楽しむことができます。

1 いろいろな色水で描いてみよう

最初に採取した草花の色水で試しに描いてみますが、色が出なくて描くことができませんでした。

草花を採取

草花から色水作り

色水で描いてみるが「描けない」

「ショカツサイなら色が出るかもしない」と、色水作りに挑戦。ポリ袋の中に、水と一緒に入れてもんで色を出します。

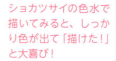

> 水が多いと色が出にくいので少量にしますが、最初から伝えず、子どもたち自身が水の量を調節していく姿を大切にしましょう。

ショカツサイの色水

ショカツサイを採取

ショカツサイの色水で描いてみると、しっかり色が出て「描けた！」と大喜び！

2 糸を染めてみよう

花から作った色水に、白の刺しゅう糸を1日漬けたら洗って乾燥させます。

ショカツサイの花から作った色水では、薄い紫色に染まりました。

黄色のチューリップは、黄緑色に染まりました。

3 枝から色を作る

公園で拾った枝を少量の水で煮て作ります。

枝を拾い集める

土などが混ざり濁った茶色になりますが、コーヒーフィルターでろ過するときれいな色になりました。

造形あそび　色水・染め物を楽しむ

4 葉っぱから色水を作る

今度は、葉っぱを水で煮て色水を作ります。

5 水性フェルトペンで染める

白い布に水性フェルトペンで絵を描きスポイトで水を垂らすと、絵がにじんできれいな模様ができます。

保護者と一緒に、子どもたちの上履きを水性フェルトペンで染めていきます。
上履きに油性マーカーで好きなデザインを描き、上からスポイトで水を垂らしてにじませました。

6 絵の具で染める

てるてる坊主を作るように、白い布を輪ゴムで留め、水で溶いた絵の具を付けてから、輪ゴムを取って乾かします。

マーブリングの仕方

水をはったタライに絵の具を2色入れ、その上に白い布をくぐらせると、マーブル模様ができます。

> 染色液ではマーブル模様ができないので、絵の具がおすすめです！

7 染色液で染める

染料をお湯で溶かし、ドレッシングボトルに入れて使います。絵の具と同様の手順で染めます。

> お湯は保育者が入れましょう。溶かした染料は、ドレッシングボトルに入れると、使いやすいです。

> 輪ゴム以外に、洗濯バサミや割り箸を使うと、様々な模様ができます。

造形あそび ／ 色水・染め物を楽しむ

子どもの興味から始まる！
造形あそび

木材で遊ぶ

木材は自由自在に形を組み合わせられ、色も後から付けられるのでイメージした物が作りやすいです。また、立体的な表現ができる楽しさがあります。

1 虫を作る

用意しておいた虫の図鑑を見ながら、木材で好きな虫を作って楽しみます。

チョウチョウ
四角い木材で体、アイスの棒で羽、針金で触覚を表現。

カブトムシ
木材で体、アイスの棒を短く切って角に。

トンボ
アイスの棒を組み合わせて表現。

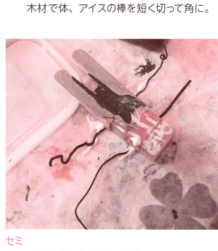

セミ
図鑑で見たセミを再現。木材・アイスの棒・針金を使用。

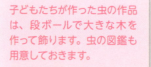

子どもたちが作った虫の作品は、段ボールで大きな木を作って飾ります。虫の図鑑も用意しておきます。

2 飛行機を作る

細長い木材を中心に使用し、飛行機を作ります。色も塗ってカラフルに仕上げます。

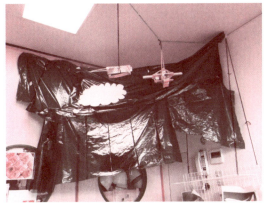 

空をイメージできるように、切って開いた青のカラーポリ袋をつるし、子どもたちの飛行機を飾ります。

3 家を作る

イメージする家を友達と一緒に作って楽しみます。

庭も作りたい！

家が完成！

家の庭を作りたいという子どもの声を受け、造花の植物を素材として用意しました。

造形あそび　木材で遊ぶ

子どもの
興味から始まる!
造形あそび

4 園を作る

「木材で園を作ってみたい」という子どもの思いを受け、保育者が園の見取り図を描いて用意しました。模型の家と見取り図を見ながら、園の構造を考えていきます。

模型を見ながら友達と思案中!

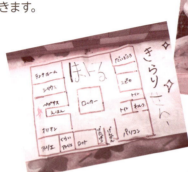

最初は1人で作り始めましたが、しぜんに友達が手伝うようになり、見取り図を見ながら一緒に作っていきました。

「木材で遊ぶ」環境づくりのポイント

いつでも続きができるように、作り途中の物が置ける棚を用意し、完成した作品を飾る場所と、作り途中の物を置く場所を分けます。

造形あそび　木材で遊ぶ

割り箸を切ってはしごを作ります。園にあるロフトに掛かっているはしごを表現しています。
あらかじめ短く切った割り箸をたくさん用意しておきます。

上から見た園。見取り図の間取りを忠実に木材で再現

固形絵の具で色を塗る

完成した園で他のクラスの子どもが遊ぶ姿が見られました。
作った物で遊べる環境も用意し、作って遊ぶという見通しをもって造形あそびを楽しめることが大切です。

★配慮★
- 写真や図鑑は平面なため、立体的に表現することが難しいです。実物を見に行ったり、本物を用意したりして立体をイメージしやすいようにします。
- 男の子中心のあそびになりがちなので、女の子が好みそうなビーズやスパンコールなどの素材も用意しておきます。

子どもの
興味から始まる！
造形あそび

5 大きな船を作りたい！

様々な船の写真を用意すると、「この船が一番かっこいい！」と、大きな船の写真を見て作り始めます。

後方部分の形

完成した大きな船

前方部分の形

いろいろな木材を組み合わせて、船作りを楽しむ

発展 川に浮かべてみる

完成した船を公園の小川に持っていき、浮くかどうか実験をしました。造形あそびから戸外あそびへと発展していくきっかけになります。

ちゃんと浮かんで流れていきました！

みんなで遊ぼう！

伝承あそび

昔から親しまれている楽しいあそびを紹介します。
それぞれのルールや遊び方、作り方を参考にして、
子どもたちと一緒に楽しんでみましょう。
工夫次第で新しいあそびに広がります。

みんなで遊ぼう！伝承あそび

お手玉で遊ぼう

昔ながらの遊び方はもちろん、工夫次第で新たな遊び方が楽しめるお手玉。
子どもの発達年齢に合わせて、工夫してみましょう。

投げてキャッチ

- 片手でお手玉を投げ、同じ手の甲でキャッチ。
- 片手でお手玉を投げ、反対の手の甲でキャッチ。
- 1個ずつお手玉を持ち、同時に投げて両手でキャッチ。
いろいろな方法で挑戦しよう。

つかんでキャッチ

床に数個のお手玉を置く。1個のお手玉を持って上に投げ、落ちてくる前に床のお手玉をつかんで、そのまま手の甲でキャッチ。できるだけたくさんのお手玉をつかんでからキャッチできるように頑張ってみよう。

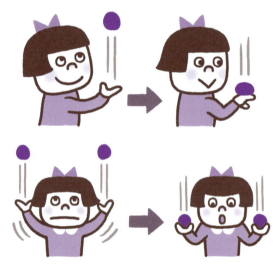
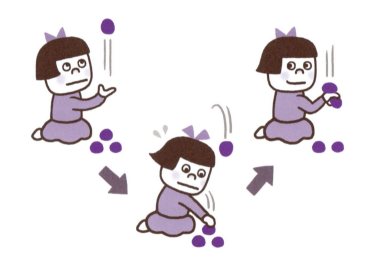

歌に合わせてお手玉渡し

みんなで輪になって座り、1人1個のお手玉を持つ。歌いながら、全員同じタイミングで右隣の子にお手玉を渡していく。『うさぎとかめ』などみんなが知っている歌で、ゆっくりした曲から始めてみよう。

ビー玉・おはじきあそび

昔懐かしいビー玉とおはじきを使って、ゲームを楽しんでみましょう。
単純だけど、白熱すること間違いなし！

ビー玉落とし

床に数個のビー玉を置き、2人で交代しながら、目の高さからビー玉を落として命中させる。ビー玉が飛び散ってもいい広い場所で行なう。

ビー玉当てゲーム

床にテープなどで5cm四方の枠を作り、3個のビー玉を置く。枠の外から中のビー玉を狙って指ではじき、命中して枠の外に出たらそのまま続け、外したら交代。3〜4人で遊び、ビー玉が全部枠の外に出たらゲームは終わり。

おはじき当て

床におはじきを散らばせておき、2〜5人で遊ぶ。自分のおはじきを1個決めて指ではじき、当たったおはじきをもらう。交代しながら繰り返していき、当てるおはじきがなくなるまで続け、おはじきをいちばん多く取った子の勝ち。

おはじき崩し

おはじきを山のように積み上げて小さめのテーブルに置く。指でおはじきを押さえながら、テーブルの外に落とす。途中で音が鳴ったり山が崩れたりしたら交代。いちばん多くのおはじきを取った子の勝ち。

※子どもが口に入れないように注意しましょう。

みんなで遊ぼう！
伝承あそび

やじろべえを作ってみよう

細い棒の先だけで支えられているのに、揺らしても簡単に倒れないって不思議ですね。
身近な素材でやじろべえを作って、楽しんでみましょう。

やじろべえは、なぜ倒れにくい？

やじろべえは、左右の腕の先に付いた重りが支点より下にあるので、やじろべえの重心は支点より下にくる。やじろべえが揺れて重心の位置がずれても、重力に引っ張られて真下に引き戻されるので、傾きが自動的に修復され、倒れにくくなる。

ドングリでやじろべえを作ってみよう！

① 公園などで、ドングリと木の枝を拾い集めておく。ドングリの中にはゾウムシの幼虫がいることがあるので、ドングリを蒸したり煮たりした後、乾燥させて作る。

② キリを使って、ドングリのお尻に1か所、腕の部分に2か所、棒を刺すための穴を開ける（穴開けは保育者が行なう）。

③ ドングリのお尻に短い枝を、同じくらいの長さの枝を腕の部分に刺す。手の先に穴を開けた重りのドングリを付ける。

④ 指に乗せてみてバランスを調整する。やじろべえの腕に付けたドングリは、真ん中の枝よりも下になるようにする。

楽しい坊主めくり

百人一首を使ったあそびの中で、いちばん親しまれている坊主めくり。
歌を知らなくても、文字が読めなくても、ゲーム感覚で誰でも気軽に楽しめます。

1. 絵札をよく切って裏返しにして置く（山札）。2つの山に分けると取りやすい。
2. 順番に山札の上から取っていく。取った札は自分の物になり、手元に置く（持ち札）。
3. 山札がなくなって、最後に持ち札が最も多い人が勝ち。

自分の引いた札が、
- 男性札の場合、自分の持ち札に。（頭に頭巾をかぶった「蝉丸（せみまる）」という坊主も男性札とする）
- 女性札の場合、自分の持ち札にして、更にもう1枚取る。
- 坊主札を引いたら、持ち札を全て捨てる。

※その他の異なるルール
- 女性札を引いたら、みんなが捨てた札を全部もらえる。

みんなで遊ぼう！
伝承あそび

けん玉のコツ

けん玉の大皿に乗せる基本的な技、「大皿」のやり方とコツを紹介します。
「中皿」「小皿」にも挑戦してみましょう。

「大皿」の技に挑戦してみよう！

① ペンを持つように親指と人さし指でけんを挟み、中指と薬指を皿に掛けて持つ（大皿、中皿、小皿など、皿に乗せる技の持ち方）。

② 右手持ちの場合、右足を前に出して腰をやや落とす。けん先は斜め下に向け、へその前あたりで構える。

③ 更に膝を曲げて腰を落とし、すぐに立ち上がりながら玉を真上に胸のあたりまで引き上げる。

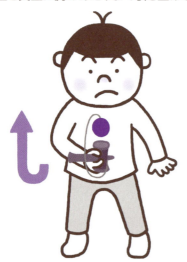

④ 玉が十分に上がったら、玉の真下に大皿を回し込むようにして受ける。このとき玉の衝撃を吸収するように腰を落として、大皿を水平に保つようにする。

成功させるコツ
- 玉を真上に引き上げるようにする。
- 糸がたるんでから、けんを動かす。
- 膝のクッションを利用して、玉の衝撃を和らげる。

紙鉄砲を作って遊ぼう

びっくりするくらい大きな音が出る紙鉄砲。
新聞紙1枚でできるので、たくさん作ってみんなで遊んでみましょう。

伝承あそび

けん玉のコツ／紙鉄砲を作って遊ぼう

作り方 （用意する物：新聞紙1面分）

① 新聞紙を縦半分に折って折り筋を付け、その筋に向かって4つの角を折る。

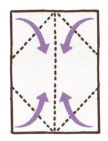

② 上下を折り重ねる。

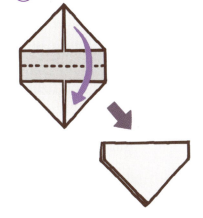

③ 半分に折る。

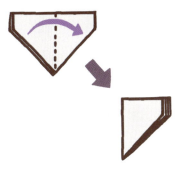

④ 重なった一方を広げながら折る。

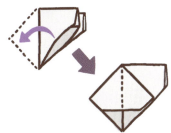

⑤ ④で広げた部分を三角に折る。

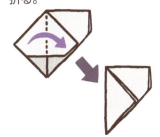

⑥ 反対側も④⑤と同じように折る。

→持っ所

遊び方

- ★の所を持って、上から下に向かって思い切り振る。
- 音が鳴って新聞紙が広がったら、④〜⑥のように折り直すと、繰り返し遊べる。
- いちばん大きな音が出た人、早く音が鳴った人が勝ちなど、ルールを決めても楽しめる。

パンッ！

みんなで遊ぼう！伝承あそび

紙トンボで遊ぼう

竹トンボもありますが、厚紙や牛乳パックで作る紙トンボを紹介します。
簡単にできるので、みんなで作って飛ばしてみましょう。

作り方 （用意する物：厚紙または牛乳パック、ストロー）

① 厚紙または牛乳パックを縦2cm、横18～20cmに切り、中央に印を付ける。

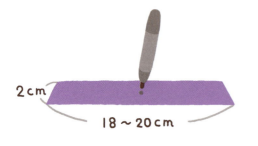

② ストローの先に、1cmくらいの切り込みを入れ、4等分して広げる。

③ 印を付けた所に、ストローの先をホッチキスで留めて出来上がり。

遊び方

ストローを両手の手のひらで挟み、こすり合わせるように回して飛ばす。飛ばすときは周りに人がいないか確認して、人に当たらないように気を付ける。
羽の部分をねじったり、形を変えたりすると飛び方が変わるので、いろいろ試してみよう。

トントン紙ずもう

好きな力士の絵を描いて作ってみましょう。
はっけよーい、のこった、のこった！ 勝負です。

伝承あそび

紙トンボで遊ぼう／トントン紙ずもう

力士の作り方 （用意する物：画用紙）

20㎝×5㎝くらいの画用紙で輪を作り、好きな絵を描いて切り取った力士を貼り付ける。

セロハンテープやのりで留める

遊び方

空き箱などを台にして、土俵を描く。2体を向かい合わせ、箱を指でたたいて対決。倒れたり、土俵からはみ出したりしたら負け。

みんなで遊ぼう！伝承あそび

クルクル回るよ風車

色紙とストローでできる簡単風車。クルクルとよく回ります。
たくさん作って風が当たる場所に飾ってもいいですね。

作り方 （用意する物：色紙、曲がるストロー、爪ようじ）

① 色紙を折って対角線に折り筋を付け、中心から1.5cmくらい残し、4本の切れ目を入れる。

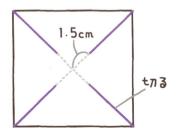

② 中心にのりをつけ、色紙の端を順に貼り付ける。

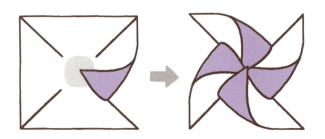

③ のりが乾いたら、中心に爪ようじを刺す。セロハンテープで根元を固定してもOK。

④ ストローを爪ようじに差し込んで、出来上がり。

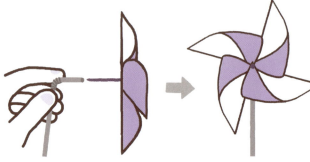

遊び方 ストローを持って走ると、風車が回る。戸外で楽しんでみよう。

親子で作るでんでん太鼓

竹箸をこすり合わせるように回すと、とってもいい音がします。
作り方が少し難しいので、親子活動の行事に取り入れてみてはいかがでしょう。

伝承あそび

クルクル回るよ風車／親子で作るでんでん太鼓

作り方 (用意する物：クラフトテープの芯、和紙、丸竹箸、たこ糸、ビーズ)

① クラフトテープの芯に、千枚通しなどで4か所穴を開け、1か所のみ大きめに開ける。保育者が用意しておく。

② 大きめに開けた穴に竹箸を回しながら差し込み、上の穴に引っ掛けて木工用接着剤で固定する。

③ 横の穴からたこ糸を通し、真ん中の竹箸に2周させてから反対側の穴に通す。

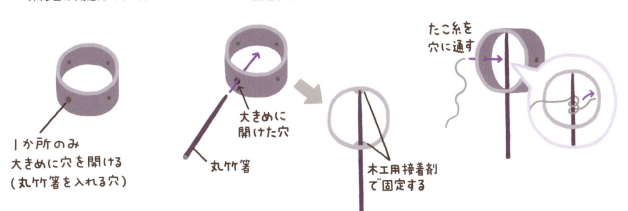

④ クラフトテープの芯より1cmくらい大きめに切った和紙の裏にのりを全体につけ、芯を載せる。和紙がピンと張るようにし、反対側も同様に貼り付ける。

⑤ のりがしっかり乾いたら、たこ糸の先にビーズを付ける。

⑥ 太鼓の縁を、色紙や千代紙で飾って出来上がり。

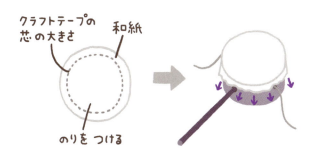
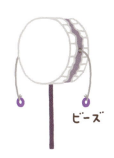

みんなで遊ぼう！
伝承あそび

たこ揚げのコツ

1人で、2人でたこ揚げするコツを紹介します。
たこ揚げに適した場所と天候を選んで、トライしてみましょう。

1人でたこを揚げるコツ

① 必ず自分が風上、たこが風下になるように立つ。たこから50㎝〜1mくらいの位置で糸を持ち、軽く糸を引いたり力を弱めたりしながら加減し、たこが風に乗る感じをつかむ。

② ある程度の風があれば、そのままの状態でも揚がり、どんどん糸を出していく。あまり風がないときは、走りながら少しずつ糸を出すようにする。

2人でたこを揚げるコツ

① 1人で揚げるときと同じように、たこを持つ人は、風下に立つ。揚げ役の人は風上に立ち、糸をすぐに出せるような状態で待機。2人の距離は5mくらいが良い。

② 声を掛け合って、ゆっくり走り始める。ある程度たこが風を受けるようになったら、持ち役の人は手を離す。たこのバランスを見ながら糸をコントロールする。

成功させるコツ
- 糸を引いたり、緩めたりするときの力加減が大切。
- 2人でうまくいかないときは、距離を変えてみたり、走る速度に変化をつけてみる。
- 少し風がある晴れた日がおすすめ。また、広くて安全な場所で遊ぶ。

羽根突きをしてみよう

1人で遊ぶ「揚羽根」と2人で遊ぶ「追羽根」を紹介します。
何回続けられるか数えたり、みんなで競い合ったりしても楽しいでしょう。

伝承あそび

たこ揚げのコツ／羽根突きをしてみよう

遊び方1

1. 1人でやる「揚羽根」あそび。羽子板と羽根を1つずつ持つ。
2. 何回落とさずに打ち上げることができるかを競う。

遊び方2

1. 2人で行なう「追羽根」あそび。羽子板をそれぞれ1枚ずつ持ち、2人で向かい合う。
2. どちらかが打ち損なうまで続ける。

みんなで遊ぼう！伝承あそび

こまの回し方

ひもの巻き方、こまの回し方を覚えてみましょう。
コツさえつかめば、きっと、上手に回せるようになります。

こまの回し方 （右利きの場合で説明。左利きの場合は逆の手足。）

① ひもの輪をこまの表側の軸に掛ける。

② ひもをピンと引いて裏に回す。

③ 最初にひもを強く引っ張りながら時計回りに2〜3周、軸にしっかりと巻き付ける。

④ 力を入れすぎないようにして、ひもが重ならないように丁寧に巻いていく。

⑤ 巻き終わったら、指でしっかりひもを押さえたまま、右手に持ち替える。

⑥ 小指、薬指、中指でひもを握ってこまを下から支え、人さし指と親指で挟むようにしてこまを持つ。

⑦ 左足を前に出し、腕を前方に出す。

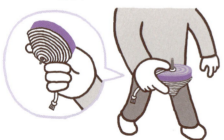

⑧ 右上後方に振りかぶって、こまを投げ出す。投げるときは肘を伸ばし、肩を中心にして腕を振る。体の前方で腕を止め、人さし指と親指を離す。

簡単！盤面ごま

すぐに作れて簡単に回せるこまを紹介します。
好きな絵を描いて、自分だけのこまを作って遊んでみましょう。

作り方 （用意する物：CD、ビー玉）

① CDの盤面にシールを貼ったり、油性フェルトペンで絵を描いたりして模様をつける。

② ビー玉を表からCDの穴に入れ、セロハンテープで留める。

③ ビー玉が穴にしっかり付くように、セロハンテープを押し付けて固定する。

遊び方 少し触るだけでも回り出すこま。本格的に回したいときは、ビー玉の部分をつまんで回してみよう。

みんなで遊ぼう！ 伝承あそび

楽しいブンブンごま

糸を引っ張ると、ビュンビュンと音を立てて回るこま。
色の塗り方を工夫すると、見え方が変わって楽しめます。

作り方 （用意する物：厚紙、たこ糸、ストロー）

① 厚紙2枚をのりで貼り合わせ、中心から5㎜離れた所に、千枚通しで2か所穴を開ける。穴は保育者が開けておく。

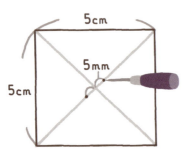

② 穴にたこ糸を通す。千枚通しの先を使って、穴に糸を押し込むようにするとうまく通せる。

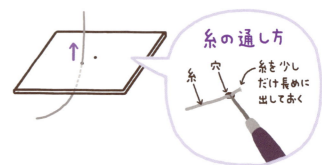

糸の通し方

③ たこ糸を通しながら切ったストローを通し、玉結びしてつなげる。最後にパスや水性絵の具で色を塗って出来上がり。

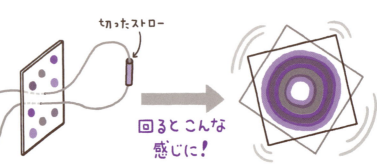

回るとこんな感じに！

遊び方

- ストローを両手で持ち、弾みをつけて引っ張ります。回りだしたら、たこ糸のねじれを増やすのがコツ。
- 回ったら、色を塗った所がどんな風に見えるか見てみましょう。

1年中楽しめる！

手あそび

ちょっとした時間に、子どもとのスキンシップに、
そして生活習慣の習得にも手あそびはとても有効です。
いつでもどこでも楽しめる手あそびを
保育者自身も楽しんで、活用してください。

1年中楽しめる！手あそび

季節・行事の手あそび

春ですよ！　春ですよ！

作詞・作曲／谷口國博　編曲／植田光子　振付／谷口國博

1番 ♪ はるですよ　はるですよ
　　　おはながあたまに　さきました

♪ いち　に　さん

手拍子をする。

両手の指を1本、2本、3本と立てる。

あそびのヒント

春にぴったりの手あそびです。「春はいろんなお花が咲きますね。どんなお花が咲いているかな？」などのことばがけをし、子どもたちに春と花のイメージを湧かせましょう。「今日はみんなの体にお花が咲くかもしれないよ」と言ってから、実際に保育者が手あそびの見本を見せます。頭や耳以外にも、膝やつま先など、歌詞とは違う部分に花を咲かせてみましょう。慣れてきたら、お友達の頭や耳の所でお花を咲かせてみてもいいですね。

3 ぱっ

頭の上で両手をぱっと広げる。

2番
① はるですよ　はるですよ
　おはながおみみに　さきました
　1番の①と同じ。
② いち　に　さん
　1番の②と同じ。
③ ぱっ

片方の耳のところで両手をぱっと広げる。

3番
① はるですよ　はるですよ
　おはながおくちに　さきました
　1番の①と同じ。
② いち　に　さん
　1番の②と同じ。
③ ぱっ

口のところで両手をぱっと広げる。

4番
① はるですよ　はるですよ
　おはながおへそに　さきました
　1番の①と同じ。
② いち　に　さん
　1番の②と同じ。
③ ぱっ

おへそのところで両手をぱっと広げる。

5番
① はるですよ　はるですよ
　おはながおしりに　さきました
　1番の①と同じ。
② いち　に　さん
　1番の②と同じ。
③ ぱっ

おしりのところで両手をぱっと広げる。

手あそび　季節・行事の手あそび　春ですよ！　春ですよ！

1年中楽しめる！手あそび

季節・行事の手あそび
ピクニック

作詞・作曲不詳　編曲／植田光子

1 と 5 で たこやきたべて
2 と 5 で ヤキソバたべて
3 と 5 で スパゲティたべて
4 と 5 で ケーキをたべて
5 と 5 で おにぎりつくって ピクニック ヤッ

1 1と5で
右手で1本、左手で5本の指を出す。

2 たこやきたべて
爪ようじに刺したたこ焼きを食べるしぐさをする。

3 2と5で
右手で2本、左手で5本の指を出す。

あそびのヒント

遠足など、お弁当を持って出かける園外保育の前に遊んでみましょう。「ピクニックへ行ったら何が食べたいかな？」「それはどんな物を使って食べるかな？」など、子どもたちと一緒に考えてみます。また、指で数を示しながら「これは何に見える？」など、子どもたちとやり取りしながら歌につなげていくといいでしょう。

♪ 4 ヤキソバたべて

右手を箸にして焼きそばを食べるしぐさをする。

♪ 5 3と5で

右手で3本、左手で5本の指を出す。

♪ 6 スパゲティたべて

右手をフォークにしてスパゲティを食べるしぐさをする。

♪ 7 4と5で

右手で4本、左手で5本の指を出す。

♪ 8 ケーキをたべて

右手をナイフにしてケーキを切るしぐさをする。

♪ 9 5と5で

両手の指を5本出す。

♪ 10 おにぎりつくって　ピクニック

おにぎりを握るしぐさをする。

♪ 11 ヤッ

元気よく拳を上げる。

手あそび　季節・行事の手あそび　ピクニック

1年中楽しめる！手あそび

★ 季節・行事の手あそび ★
とけいのうた

作詞／筒井敬介　作曲／村上太郎　編曲／植田光子

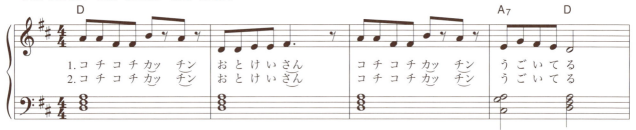

あそびのヒント

時計の長い針と短い針、秒針が、どんな動きをしているかなど、実際に時計を見ながら話をすると分かりやすいですね。「針と針が出会って、こんにちは」「針と針が離れて、さようなら」などと、歌につながるようにしてみましょう。

今では振り子がない時計ばかりです。時の記念日に「昔はこんな時計もあったよ」と、振り子時計の写真や絵を子どもたちに見せて、みんなで歌ってみましょう。

1番 🎵 コチコチカッチン　おとけいさん
コチコチカッチン　うごいてる

両手を左右に振る。

🎵 ② こどものはりと　おとなのはりと

片手ずつ上にあげて、頭の上で両手を合わせる。

🎵 ③ こんにちは

そのまま両手を下げてお辞儀する。

🎵 ④ さようなら

片手でバイバイする。

🎵 ⑤ コチコチカッチン

①と同じ。

🎵 ⑥ さようなら

④と同じ。

2番 2番も1番と同様に行なう。

手あそび　季節・行事の手あそび　とけいのうた

1年中楽しめる！手あそび

季節・行事の手あそび
小さな庭

作詞・作曲不詳　編曲／植田光子

1. ちいさなにわを　よくたがやして　ちいさなたねを　まきました
2. ちゅうくらいのにわを　よくたがやして　ちゅうくらいのたねを　まきました
3. おおきなにわを　よくたがやして　おおきなたねを　まきました

ぐんぐんのびて　はるになーって　ちいさなはなが　さきました　ポッ！
　　　　　　　　　　　　　　　　ちゅうくらいのはなが　さきました　ホワ！
　　　　　　　　　　　　　　　　おおきなはなが　さきました　ワッ！

1番

 1 ちいさなにわを　 **2** よくたがやして　 **3** ちいさなたねを　 **4** まきました

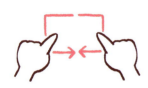
両手の人さし指で、小さな四角を描く。

人さし指を曲げ伸ばししながら、左から右へ波形を描いていく。

人さし指で小さな円を描く。

左の手のひらから種を摘んでまくしぐさを2回する。

あそびのヒント

土を耕す、種をまく、そして花が咲く、その過程を子どもたちと考えてみます。「どんな花が咲くかな？」「庭の大きさはどのくらいがいいかな？」などと話をしてから、あそびにつなげていきましょう。

5 ぐんぐんのびて	6 はるになって	7 ちいさなはなが さきました	8 ポッ！

両手を合わせ、左右に振りながら下から上にあげていく。	両手をひらひらさせながら下ろす。	両手で小さなつぼみを作る。	両手首をつけたまま指先を離す。

2番

1 ちゅうくらいのにわを	2 よくたがやして	3〜7 ちゅうくらいのたねをまきました ぐんぐんのびて はるになって ちゅうくらいのはながさきました	8 ホワ！

両手の人さし指で、中くらいの四角を描く。	指を細かく動かす。	1番の③〜⑦の動作を大きめにする。	両手首を離して大きく指を開く。

3番

1 おおきなにわを	2 よくたがやして	3 おおきなたねを	4 まきました

両腕で大きな四角を描く。	くわを持って耕すしぐさをする。	両腕で大きな円を描く。	大きな種を持ち上げて、地面に置くしぐさをする。

5 ぐんぐんのびて	6 はるになって	7 おおきなはながさきました	8 ワッ！

しゃがんで両手を合わせ、体を左右にくねらせながら立ち上がる。	1番の⑥と同じ。	頭の上で両手を合わせ、大きなつぼみを作る。	両手を開く。

手あそび　季節・行事の手あそび　小さな庭

山賊の歌

季節・行事の手あそび

作詞／田島 弘　作曲／小島祐喜　編曲／植田光子

©Copyright 1968 by SEVEN SEAS MUSIC CO.,LTD.

あそびのヒント

掛け合いを楽しむ歌です。お泊まり保育やキャンプファイヤーで歌ってみましょう。

「先生が歌ったら、その後同じように歌ってみてね」とことばがけをしながら、掛け合いの歌の楽しさを知ってもらいます。慣れてきたら2グループに分かれ、子どもたちだけで掛け合いで歌ってみます。

1年中楽しめる！手あそび

季節・行事の手あそび
もちつき

わらべうた　編曲／植田光子

1 ♪ぺったんこ　ぺったんこ　もちつき　ぺったんこ

パーにした左手を右手のグーでもちをつくようにたたく。

2 ♪それつきかえせ

「♪かえせ」で両手を入れ替える。

3 ♪やれつきかえせ

「♪かえせ」で手を戻す。

4 ♪もうじき　つけるぞ　ぺったんこの　ぺったんこ

①と同じ。

あそびのヒント

お正月やお餅を食べる時期に楽しめます。2人組になって向かい合い、お互い相手の手のひらをぺったんこしてもいいですね。慣れてきたら、右手と左手を逆にして遊んでみましょう。

生活の手あそび
おえかきうれしいな

作詞・作曲／植田光子

手あそび

季節・行事の手あそび　もちつき／生活の手あそび　おえかきうれしいな

1　おえかき　おえかき　うれしいな　みんななにを　かくんだろう
　　おえかき　おえかき　うれしいな　じゅんびは　できたよ

2　（ハーイ！）

リズミカルに手拍子をしながら、みんなが準備できるまで歌う。

準備ができたら保育者の「できたかな？」のことばがけに、最後はみんなで「ハーイ！　できました！」と答える。

あそびのヒント

お絵描きする前に、きちんと座って描く準備をさせるように促すための歌です。保育者が紙や鉛筆などを渡したり、子どもたちが自分のクレヨンを用意したりするときに歌いましょう。

子どもたちにプレッシャーをかけないように、繰り返し歌います。テンポを変えて歌うと楽しく準備できます。

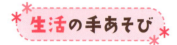

生活の手あそび
せんせいとおともだち

作詞／吉岡治　作曲／越部信義　編曲／植田光子

① その場で足踏みをする。　② お辞儀をする。　③ ①と同じ。

あそびのヒント

入園後や新学期に取り入れて、子どもたちの緊張をほぐすようにしましょう。保育者が自己紹介をし、子どもたちの名前を呼んで、みんなに知ってもらうきっかけをつくり、あそびにつなげていきます。

手あそび

生活の手あそび　せんせいとおともだち

②と同じ。

手拍子をする。

握手をする。

2番　①〜④は1番と同じ。

手拍子をする。

「おはよう」と挨拶する。

3番　①〜④は1番と同じ。

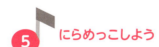

手拍子をする。

「あっかんべー」をしながら、にらめっこをする。

生活の手あそび

みんななかよし

作詞・作曲／田中昭子　編曲／植田光子　振付／田中昭子

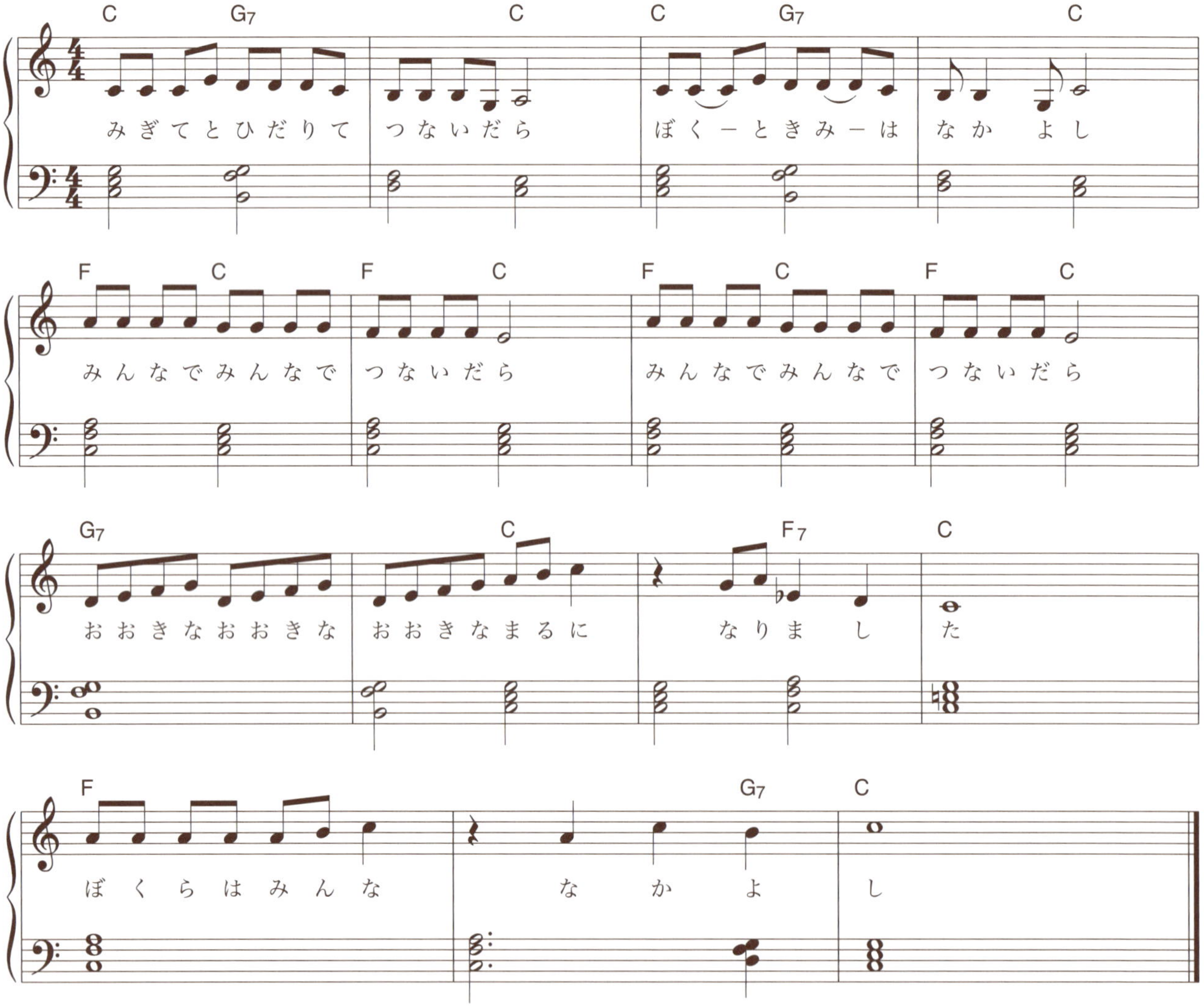
C G7 C C G7 C
みぎてとひだりて つないだら ぼくーときみーは なか よし
F C F C F C F C
みんなでみんなで つないだら みんなでみんなで つないだら
G7 C F7 C
おおきなおおきな おおきなまるに なりまし た
F G7 C
ぼくらはみんな なかよ し

あそびのヒント

入園後や新学期、週の初めに、友達と仲良くなれる手あそび。大勢でもできるあそびです。

初めは2人組でやってみましょう。慣れるまで、お互い両手をつなぎ、膝を曲げ伸ばししながらリズムをとったり、回ったり、2人で上手にテンポを合わせることから始めてもいいですね。自由にダンスをしてみるのも楽しいです。

また、間奏を入れて2人から4人、4人から8人へと人数を増やしていくと盛り上がります。

1 みぎてと

向かい合って、右手を出す。

2 ひだりて つないだら

左手も出し、両手をつなぐ。

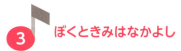
3 ぼくときみはなかよし

膝を曲げる。

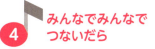
4 みんなでみんなで つないだら

手をつないだまま右に回る。

5 みんなでみんなで つないだら

左に回る。

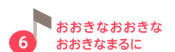
6 おおきなおおきな おおきなまるに

手をつないだまま左右に8回揺らす。

7 なりました

両手を上にあげる。

8 ぼくらはみんな なかよし

肩を組んで、左右に揺れる。

手あそび　生活の手あそび　みんななかよし

1年中楽しめる！手あそび

生活の手あそび
さあ みんなで

作詞・作曲／浅野ななみ　編曲／植田光子　振付／浅野ななみ

あそびのヒント

集会などみんなが集まるときにできる楽しい手あそび。輪になって、イスに座ったままでも立ったままでもできます。人数が少ないときは、横一列になって遊んでも楽しいです。「お隣さんと仲良く遊んでみよう」などと、ことばがけをしてから始めましょう。

♪ **1** さあ　みんながみんなが　あつまった

輪になって、曲に合わせて手拍子をする。

♪ **2** おとなりさんの　かたたたこう

右隣の人の肩をたたく。

♪ **3** おとなりさんの　ひざたたこう

左隣の人の膝をたたく。

♪ **4** いっしょに　トントントントントン

肩と膝を同時にたたく。

♪ **5** さあ　みんながみんなが　あつまった

①と同じ。

手あそび　生活の手あそび　さあ みんなで

1年中楽しめる！手あそび

いつでも手あそび
なべなべそこぬけ

わらべうた　編曲／植田光子

1回め

1 なべなべそこぬけ そこがぬけたら

2 かえりましょ

向かい合って両手をつなぎ、左右に振る。

手をつないだまま回転し、背中合わせになる。

2回め

なべなべそこぬけ　そこがぬけたら
かえりましょ

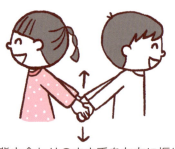
背中合わせのまま手を左右に振り、「♪かえりましょ」で元に戻る。

あそびのヒント

いつでもどこでも遊べ、歌いながら楽しく友達とスキンシップができます。「なべなべそこぬけの歌を知っている人は、先生と一緒に歌いましょう」とことばがけをします。2人組を作り、両手をつないで手を揺らしながら歌い、あそびにつなげていきましょう。

ずっとあいこ

作詞・作曲／阿部直美　編曲／植田光子　振付／阿部直美

手あそび

いつでも手あそび　なべなべそこぬけ／ずっとあいこ

両手をチョキにして、左右に振る。

拍手を8回する。

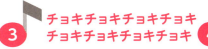
両手のチョキを交互に前に出す。

チョキのまま両手を前に出し、「♪あいこ」で3回拍手をする。

2番　3番 2番はグーで、3番は、パーの手で遊ぶ。

あそびのヒント

グーチョキパーを覚えるきっかけになる、じゃんけん手あそび。「かにさんとかにさんが、じゃんけんをして遊ぶことになりました。どっちが勝つかな？　みんなの手をかにさんにして、やってみよう」とことばがけをし、興味をもてるようにしてみましょう。

いつでも手あそび
はやしのなかから

わらべうた　編曲／植田光子

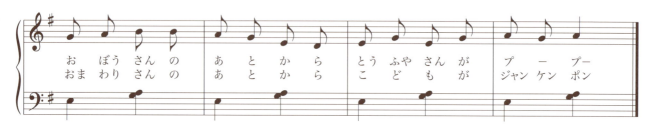

1回手をたたく。　　手を合わせる。　　①②を2回繰り返す。

あそびのヒント

次々といろいろな人物が登場して、いろいろなしぐさをするわらべうた。動作が楽しい手あそびです。「おぼうさんのまねをしてみましょう。どんな動きがいいかな？」などと、歌詞に出てくる人物のまねをしていきましょう。他にも動物や、いろんな職業の人物を登場させて替え歌にして楽しんでもいいでしょう。

4 ♪ チンチン

右手の人さし指で左手の手のひらを2回打つ。

5 ♪ おぼうさんのあとから とうふやさんが

①②を3回繰り返す。

6 ♪ プープー

ラッパを吹くまねをする。

7 ♪ とうふやさんのあとから おまわりさんが

①②を3回繰り返す。

8 ♪ エッヘン オッホン

両手を腰に当てて胸を張る。

9 ♪ おまわりさんのあとから こどもが

①②を3回繰り返す。

10 ♪ ジャンケンポン

じゃんけんをする。

勝ったらばんさい、負けたらお辞儀をする。あいこのときは、両手を腰に当てる。

手あそび　いつでも手あそび　はやしのなかから

167

いつでも手あそび
ずいずいずっころばし

わらべうた　編曲／植田光子

あそびのヒント

昔から親しまれている手あそび。いつでもどこでも楽しめます。最初は保育者がおにになって、子どもたちの手の中に指を入れながら歌ってみましょう。少ない人数から始め、ゆっくり歌いながら進めます。慣れてきたら、テンポを速くしたり、遅くしたりしても盛り上がります。

手あそび

いつでも手あそび　ずいずいずっころばし

1 おにを1人決めておく。みんなで輪になって、両手を軽く握って前に出す。

2 おには、歌いながら手の中に人さし指を順番に入れていく。

3 歌い終わったとき、おにの指が入っている手を下げる。

4 2、3を繰り返し、両方の手が早くなくなった人が勝ち。最後まで残った人が次のおにになる。

いつでも手あそび

いわしのひらき

作詞・作曲不詳

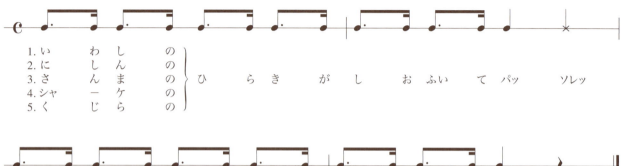

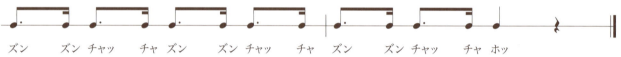

1番

あそびのヒント

いわしにさんま、最後はくじら、一度聴いたら忘れられない楽しい手あそび。「♪ズンズンチャッチャ」のリズミカルな動作は、子どもたちも大好きです。保育者自身がオーバーに楽しく表現して見本を見せるようにしましょう。

5 ソレッ ズンズン チャッチャ
片腕を波のようにくねらせる。

6 ズンズンチャッチャ
反対の腕もくねらせる。

7 ズンズンチャッチャ
⑤と同じ。

8 ホッ
手の甲を頬に添える。

手あそび
いつでも手あそび　いわしのひらき

2番 1 にしんの

両手の2本の指を出して合わせる。

2 ひらきが
手を返して外側に開く。

3番 1 さんまの

両手の3本の指を出して合わせる。

2 ひらきが
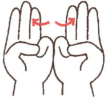
手を返して外側に開く。

4番 1 シャケの

両手の4本の指を出して合わせる。

2 ひらきが

手を返して外側に開く。

2番〜4番
2番〜4番は①②の後、1番の③〜⑧を繰り返す。

5番 1 くじらの
両手の指を伸ばして親指を合わせる。

2 ひらきが

手を返して外側に開く。

3 しおふいて

両手をそろえて下におろす。

4 パッ

両手を上げる。
⑤〜⑧は1番と同じ。

アルプス一万尺

作詞不詳　アメリカ民謡　編曲／植田光子

あそびのヒント

「アルプス一万尺という歌を知ってる？　こんなふうに手を合わせたりして2人で遊べるんだよ」とことばがけをし、子どもに合わせてゆっくりと進めていきましょう。慣れてきたらスピードアップしていき、どこまで速くできるかに挑戦してもいいですね。

手あそび

いつでも手あそび　アルプス一万尺

1 ア

2人で向かい合い、拍手を1回する。

2 ル

右手と右手を合わせる。

3 プ

①と同じ。

4 ス

左手と左手を合わせる。

5 いち

①と同じ。

6 まん

両手を合わせる。

7 じゃ

①と同じ。

8 く

指を組んで返し、手のひらを合わせる。

9 こやりのうえで
アルペンおどりを
おどりましょう　ヘイ
ランラララ　ララララ
ランラララ　ララ
ランラララ　ララララ
ララララ　ラ

①〜⑧を7回繰り返す。

1年中楽しめる！手あそび

いつでも手あそび
山小屋いっけん

作詞／志摩桂　アメリカ民謡　編曲／植田光子

やまごやいっけん　ありました　まどからみている　おじいさん　かわいいうさぎが

ぴょんぴょんぴょん　こちらへにげてき　た　たすけて！たすけて！　おじいさん

りょうしのてっぽう　こわいんです　さあさあはやく　おはいんなさい　もうだいじょうぶだ　よ

あそびのヒント

山小屋に逃げてきたうさぎさんを助けてあげる、心温まる手あそび。心地よいリズムに載せて表現する動きが、子どもたちの興味をひくでしょう。「うさぎさんを手で表現してみよう」などと話をしてから、あそびにつなげていきます。

手あそび

いつでも手あそび　山小屋いっけん

1 やまごやいっけん　ありました

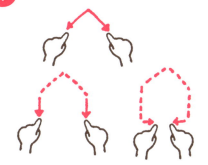

両手の人さし指で山小屋の形を描く。

2 まどからみている　おじいさん

両手を丸にして目に当て、顔を左右に揺らす。

3 かわいいうさぎが

右手の人さし指と中指を立てる。

4 ぴょんぴょんぴょん

指を3回曲げ伸ばしする。

5 こちらへにげてきた

④の動作をしながら右から左に動かす。

6 たすけて！　たすけて！おじいさん

両手を上げて万歳をする。

7 りょうしのてっぽう　こわいんです

左手で右手首をつかみ、鉄砲を撃つまねを4回する。

8 さあさあはやく　おはいんなさい

両手で手まねきを4回する。

9 もうだいじょうぶだよ

右手でうさぎの耳を作り、左手でやさしくなでる。

いつでも手あそび
ちゃつぼ

わらべうた　編曲／植田光子

左手を握り、その上に右手を載せて「ふた」にする。

右手を左手の下にして「そこ」にする。

右手を握り、その上に左手を載せて「ふた」にする。

左手を右手の下にして「そこ」にする。

①〜④を繰り返す。

①〜④を繰り返す。

①〜④を繰り返す。

①〜④を繰り返す。

①〜④を繰り返す。

あそびのヒント

昔から親しまれているわらべうた。ゆっくりと保育者がやって見せてあげましょう。「ちゃつぼ」がどんな物なのか、どんな歌なのかを理解すると、もっと楽しめるでしょう。手を替えるのが難しい子は、同じ手だけで「ふた」と「そこ」を表現し、慣れてきたら交互に手を替えてできるように挑戦しましょう。

季節を感じる！

折り紙あそび

季節ごとの楽しい折り紙がいっぱい！
子どもたちがいつでも楽しめるように、
コピーして保育室に置いておくのもいいですね。
保育者が折って壁面飾りにも活用できます。

おりかたの きごうと やくそく

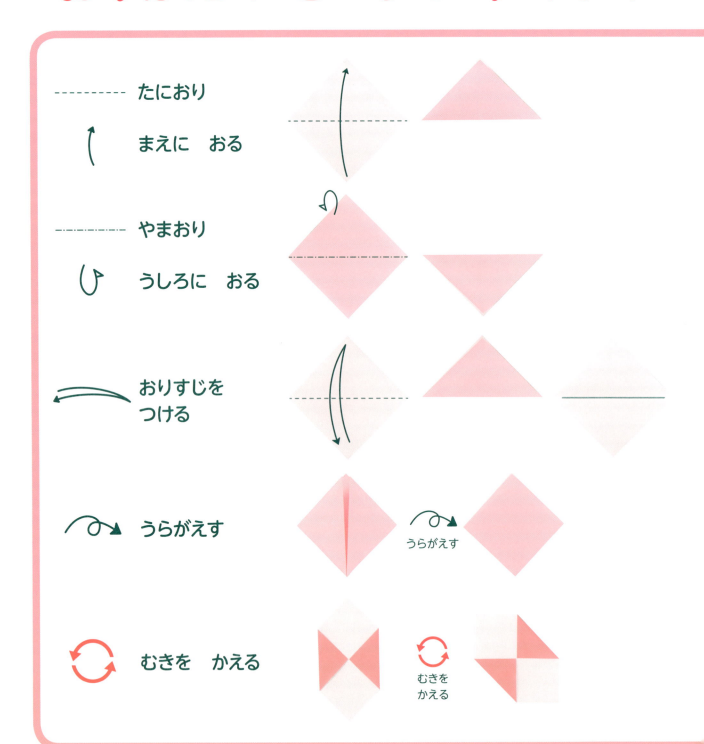

したの　きごうと　おりかたを　おぼえてね。

折り紙あそび

おりかたの　きごうと　やくそく

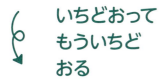 いちどおって
もういちど
おる
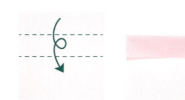

 かいだんおりを
する

ふくろを　ひらいて　おる
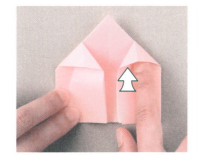  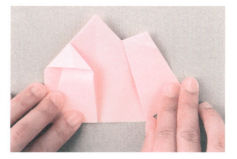

おなじ
ながさに
する

179

チューリップ

かわいい かたちの
チューリップ。
みんなで おって
おへやに かざろう。

1 たてと よこに おりすじを つける
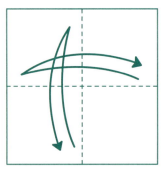

2 りょうはしを おり おりすじを つける
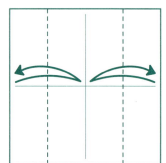

3 かどを おる
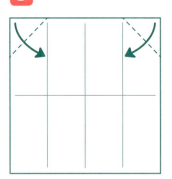

4 まんなかまで おる
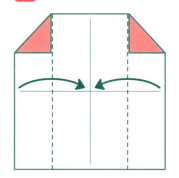

5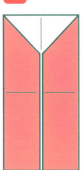

6 まんなかまで おる
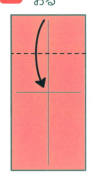

うらがえす

7 ふくろを ひらいて おる
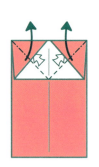

8 はんぶんに おる
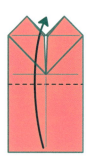

9 かどを おる

10 したの かどを おる

11 ななめに おる

12

うらがえす

できあがり

チョウチョウ

はねを ひらいた
チョウチョウ。
おもても うらも
おなじ いろに なるよ。

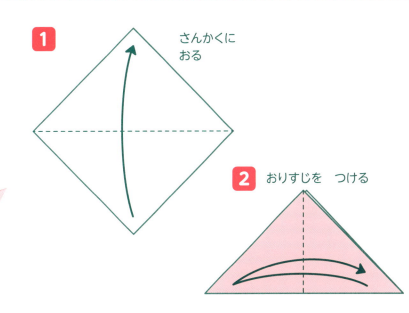

1 さんかくに おる

2 おりすじを つける

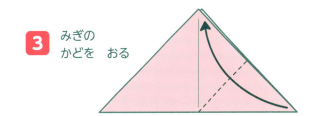

3 みぎの かどを おる

4 ひだりの かどを うしろに おる

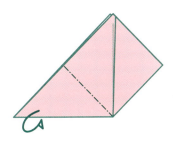

5  むきを かえる

6 ふくろを ひらいて おる

7 したに おる

8 うえの かみだけ おる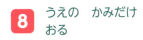

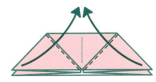 むきを かえる

9 うしろに おる

10 うえの かみだけ おる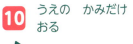
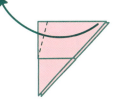

できあがり

イチゴ

さいごの ほうは
ちょっと こまかい
おりに なるよ。
ていねいに おってみよう。

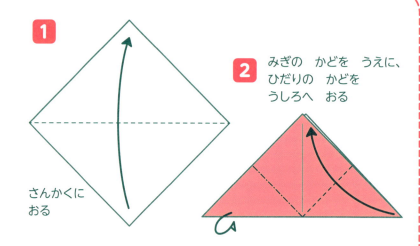

1 さんかくに おる

2 みぎの かどを うえに、ひだりの かどを うしろへ おる

3 ふくろを ひらいて おる
むきを かえる

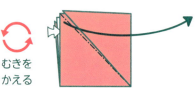

4 うえの かみだけ りょうがわを おる

5 うえの かみだけ おる

6 まんなかまで おる

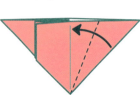

7 うえの かみを もどす

8 はんたいに おる

9 まんなかまで おる

10 うえの かみを もどす

11

12 したへ おる
うらがえす

13 ふくろを ひらいて おる

14 うえの かみだけ おる

15 うしろへ おる

16 かどを うしろへ おる

できあがり

こいのぼり

むかしからある
おりがみの　こいのぼり。
ほんものみたいで
かっこいいね。

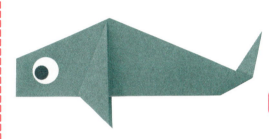

1 おりすじを　つける

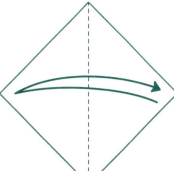

2 まんなかまで　おる

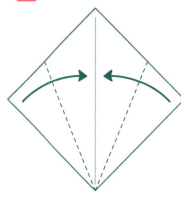

3 うしろへ　はんぶんに　おる

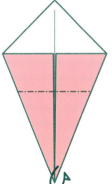

4 ふくろを　ひらいて　したに　おる

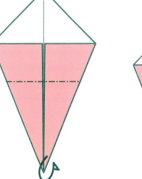

5 うしろの　1まいを　したに　おる

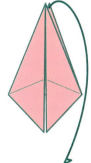

6 うえを　うしろに　おる

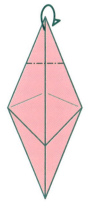

7 うしろへ　はんぶんに　おる

むきを　かえる

8 さんかくを　まえに　たおす

※うらも　おなじ

9 さんかくに　おる

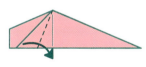

※うらも　おなじ

10 しっぽを　おる

うちがわに　おりこむ

11

まるシール　はる

できあがり

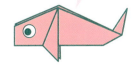

季節を感じる 折り紙あそび

かぶと

むかしからある
おりがみの かぶとです。
しんぶんしや ほうそうしで おって
かぶって あそぼう。

1 さんかくに おる

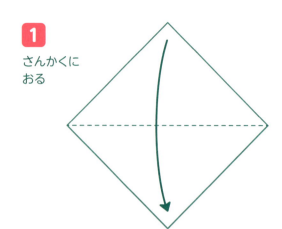

2 おりすじを つける

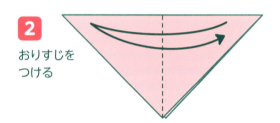

3 したの かどに あわせる

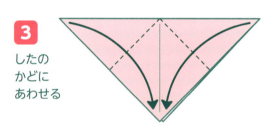

4 うえの かどに あわせる

5 そとに おる

6 うえの かみだけ すこし ちいさめの さんかくを おる

7 うえの かみだけ うえに おる

8 ふくろを ひろげて なかに さしこむ

できあがり

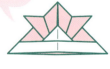

アジサイ

たくさん おって だいしに はると
とっても きれいで
ほんものの アジサイみたい。

1 はんぶんに おる

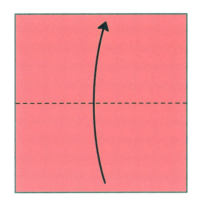

2 みぎがわは まえに、ひだりがわは うしろに おりあげる

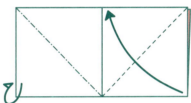

3 ふくろを ひらいて おる

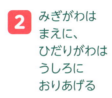

4 うえの かみだけ まんなかまで おる

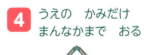

5

6 まんなかまで おる

うらがえす

7 はんぶんに おる

8 ふくろを ひらいて うえへ おる

できあがり

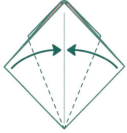

おりひめ・ひこぼし

かおと からだは
べつべつに おってから
はりあわせます。
ささかざりが たのしくなるね。

（かお）

1 たてと よこに おりすじを つける
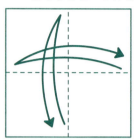

2 まんなかまで おって もういちど おる
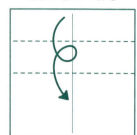

3 かどを おる
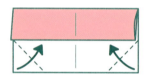

4 おりすじを つける
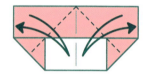

5 おりすじまで おる
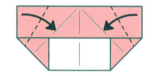

6 おりすじで おる

7 かおの できあがり
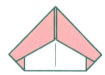

（からだ）

1 はんぶんに おる

2 おりすじを つける
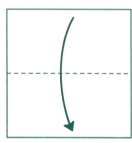

3 まんなかまで おる
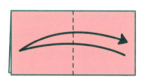

4 ななめに おる

5

6 かどを おる
うらがえす

7 うらがえす

8 ふくろを ひらいて ななめに ひらく

9 からだの できあがり

かおを かいて
できあがり

あたまと からだを つける

だましぶね

むかしから つたわっている
おりがみの ひとつ。
むきを かえて あそべるよ。

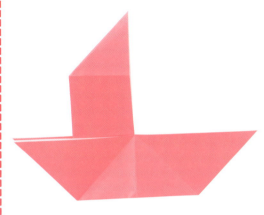

1 おりすじを つける

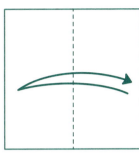

2 まんなかの せんに あわせて おる

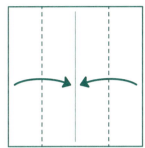

3 うしろに おる

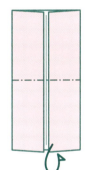

4 かどを おる

5

6 ふくろを ひらいて おる

うらがえす

7

8 ふくろを ひらいて おる

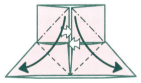

うらがえす

9 うしろを おろす

10 うえに おる

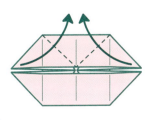

11

うらがえす

12 ななめに おる

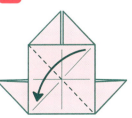

できあがり

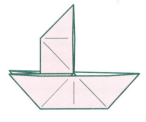

折り紙あそび　おりひめ・ひこぼし／だましぶね

さかな

エンゼルフィッシュみたいな
かわいい かたちの さかな。
みぎむき ひだりむき
どちらでも つかえるよ。

1 おりすじを つける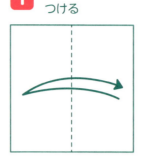

2 まんなかの せんに あわせて おる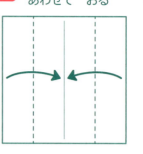

3 うしろに おる

4 かどを おる

5 うらがえす

6 ふくろを ひらいて おる

7 うらがえす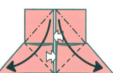

8 ふくろを ひらいて おる

9 うしろを おろす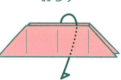

10 うえと したに おる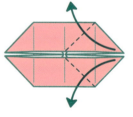

11 したに おる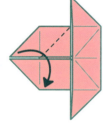

12 さんかくを うえに おる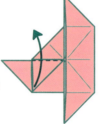

13 うえの かみに あわせて おる

14 うえの さんかくを さげる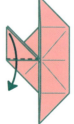

15 まんなかに あわせる

16 うらがえす

めと くちを かいて できあがり

おばけ

おててが かわいい
こわくない おばけ。
さいごに おるところで
スリムにも ぽっちゃりにも！

1 さんかくに おる

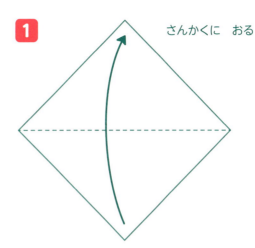

2 おりすじを つける

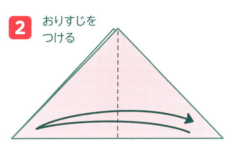

3 おりすじを つける

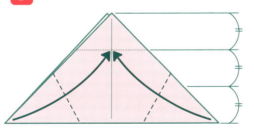

4 したに おる

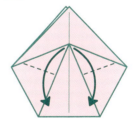

5 うしろに おる

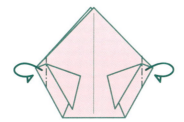

かおを かいて
できあがり

折り紙あそび　さかな／おばけ

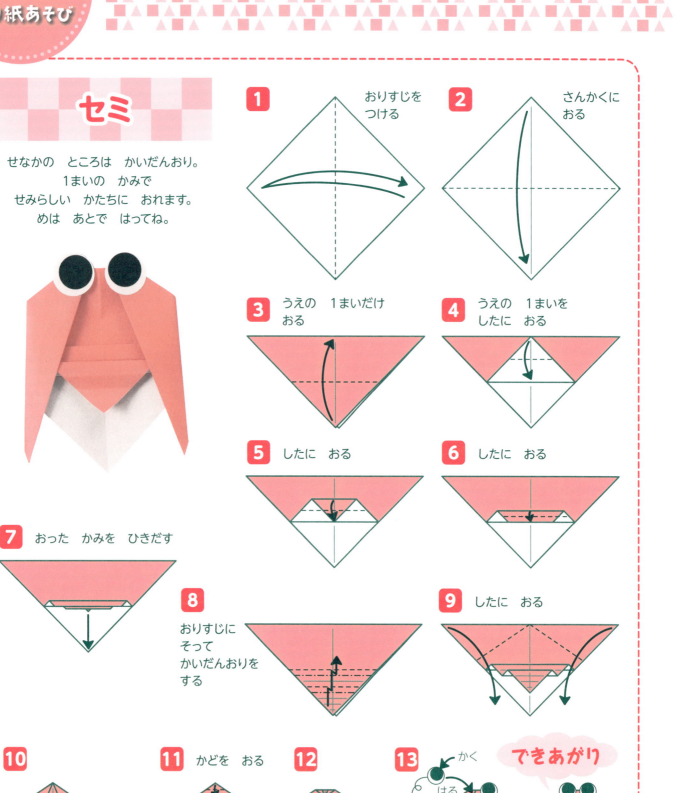

ヒマワリ

1まいの かみで おれる ヒマワリの はな。おなじ おりかたを なんども くりかえすので おぼえやすいね。

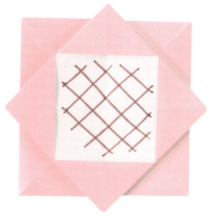

1 たてと よこに おりすじを つける

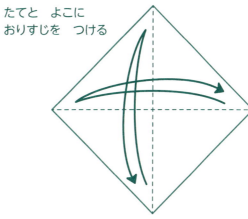

2 おりすじを つける

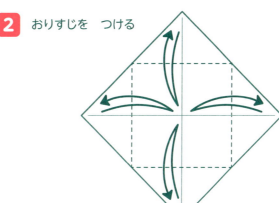

3 いちど おって もういちど おる

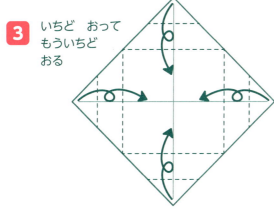

4 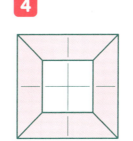 うらがえす

5 まんなかまで おる

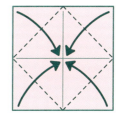

6 ひらくように おる

7

8  かく

できあがり

折り紙あそび　セミ／ヒマワリ

季節を感じる 折り紙あそび

キノコ

かさと じくの いろを
はんたいにして かさに
もようを かくのも たのしい。
1まいの かみで おれる キノコです。

1 たてと よこに おりすじを つける

2 まんなかまで おる

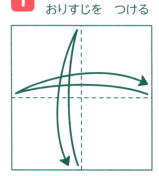
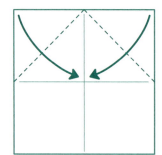

3

4 まんなかまで おる　うらがえす

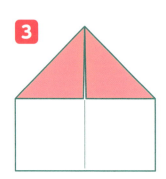
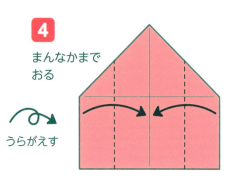

5 おりすじを つける

6 ふくろを ひらいて ななめに おる

7

8 はんぶんに おる　うらがえす

9 したに おる

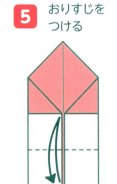
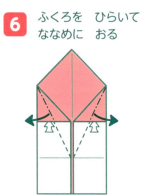
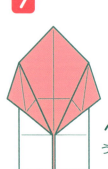
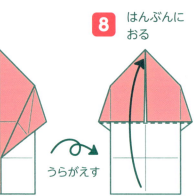
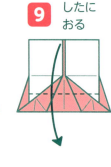

10 ななめに おる

11 したに おる

12

できあがり

うらがえす

ドングリ

とっても かわいい
かたちの どんぐりです。
こまかい おりや
かいだんおりも がんばって。

折り紙あそび　キノコ／ドングリ

1 たてと よこに おりすじを つける
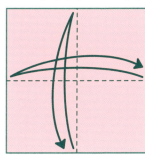

2 まんなかまで おって おりすじを つける
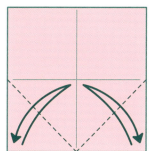

3 おりすじまで おる
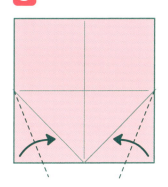

4 おりすじで おる
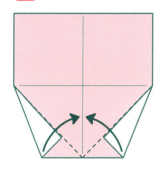

5
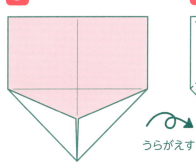
うらがえす

6 まんなかまで おる
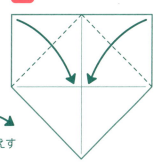

7 まんなかまで おる
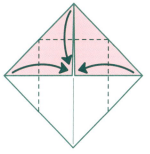

8 ふくろを ひらいて おる
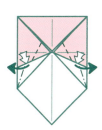

9 まんなかまで おる
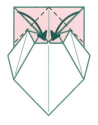

10 かいだんおりする

11

うらがえす

できあがり

193

イチョウ

きいろで おると
あきの イチョウ。
きせつに あわせて
かみの いろを かえてね。

1 さんかくに おる

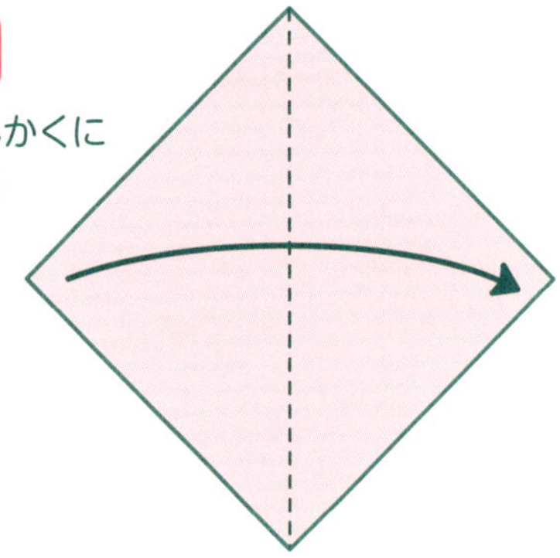

2 ななめに おる

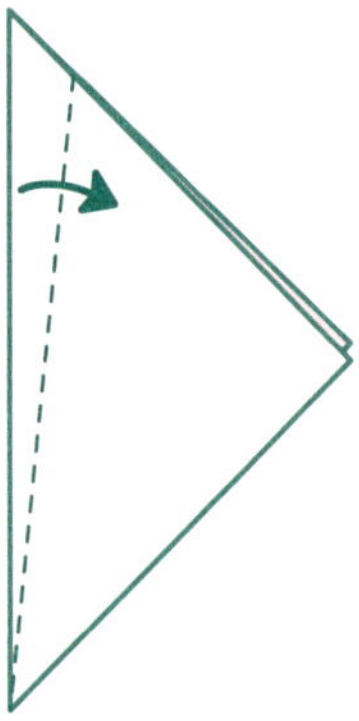

3 うしろに ひらく

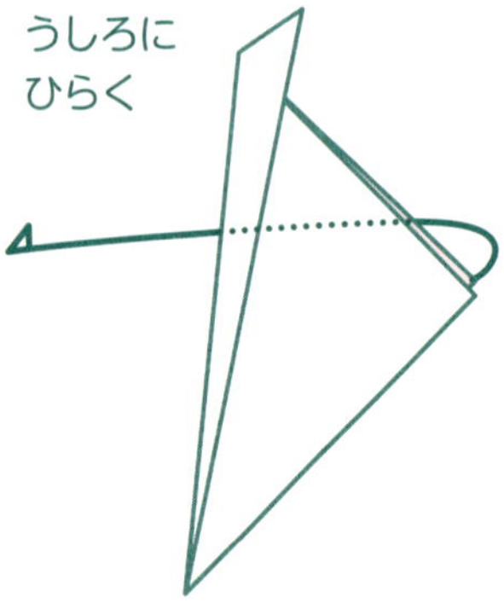

4 したに おる

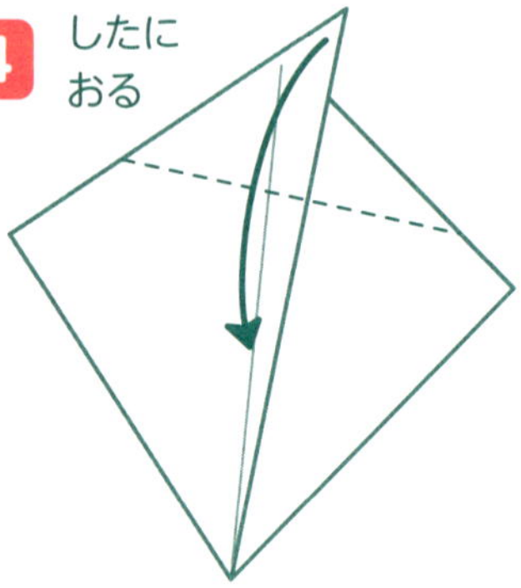

5 ふくろを ひらいて おる

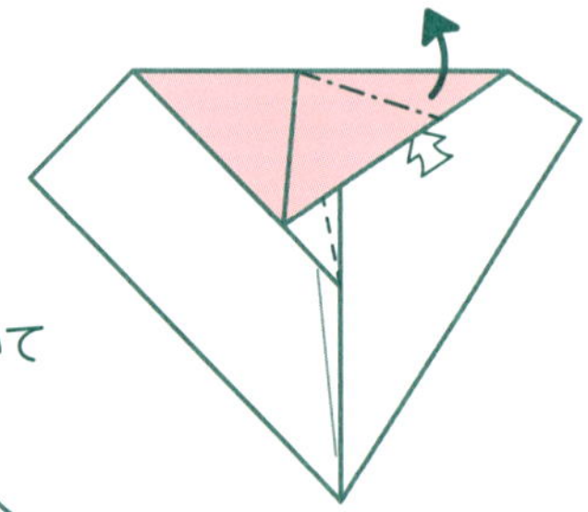

6 うえに おる

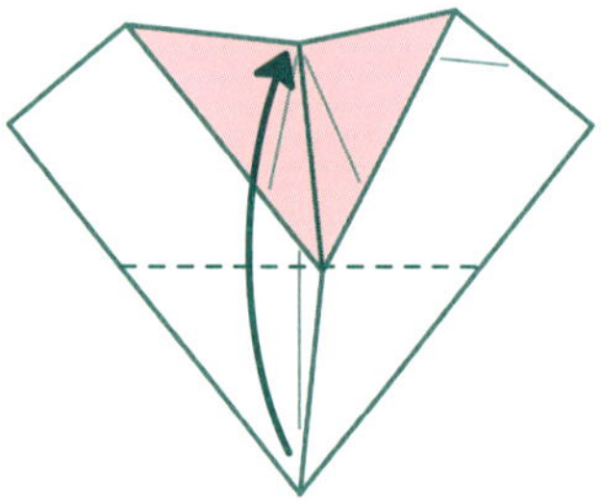

7 したに おる

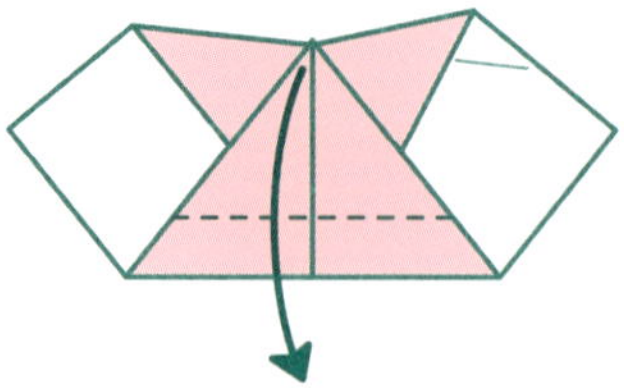

8 ふくろを ひらいて おる

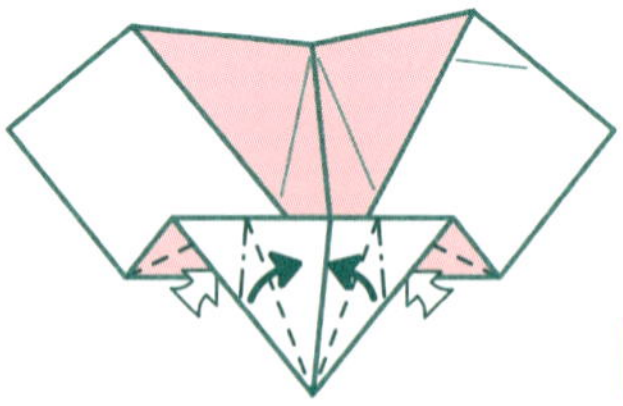

9 ななめに おる

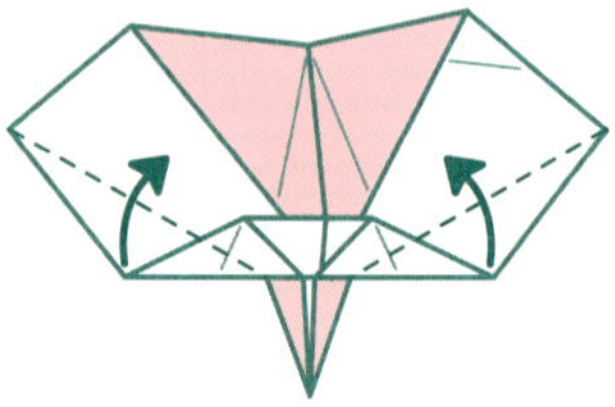

10

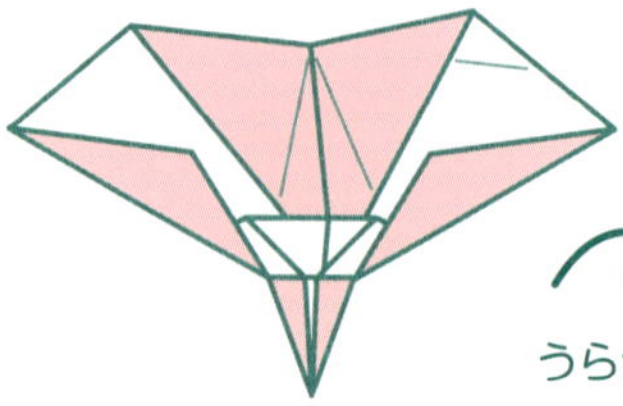

うらがえす

できあがり

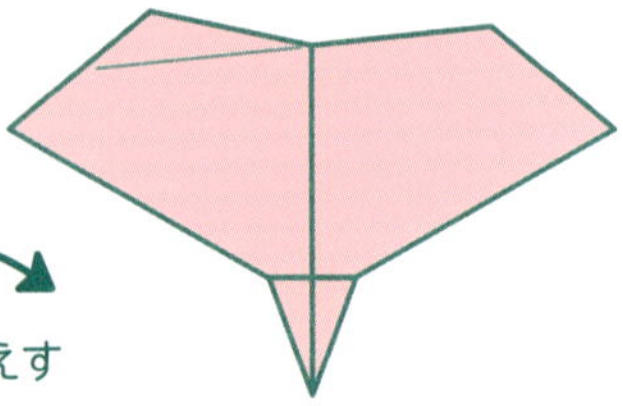

サンタクロース

かおを かくところが
ちいさいから
フェルトペンで かくと いいね。

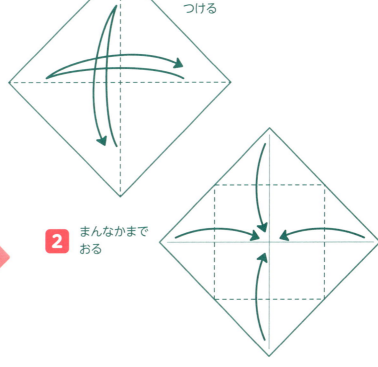

1 たてと よこに おりすじを つける

2 まんなかまで おる

3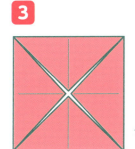

4 ふたつの かどを おる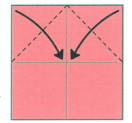

うらがえす

5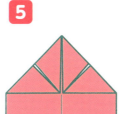

6 おりすじを つける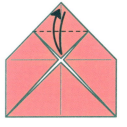

うらがえす

7 さんかくに おる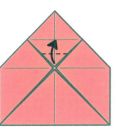

8 おりすじまで おって もういちど おる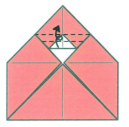

9 おりすじまで おる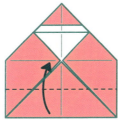

10

かどを うしろへ おる

かおを かいて できあがり

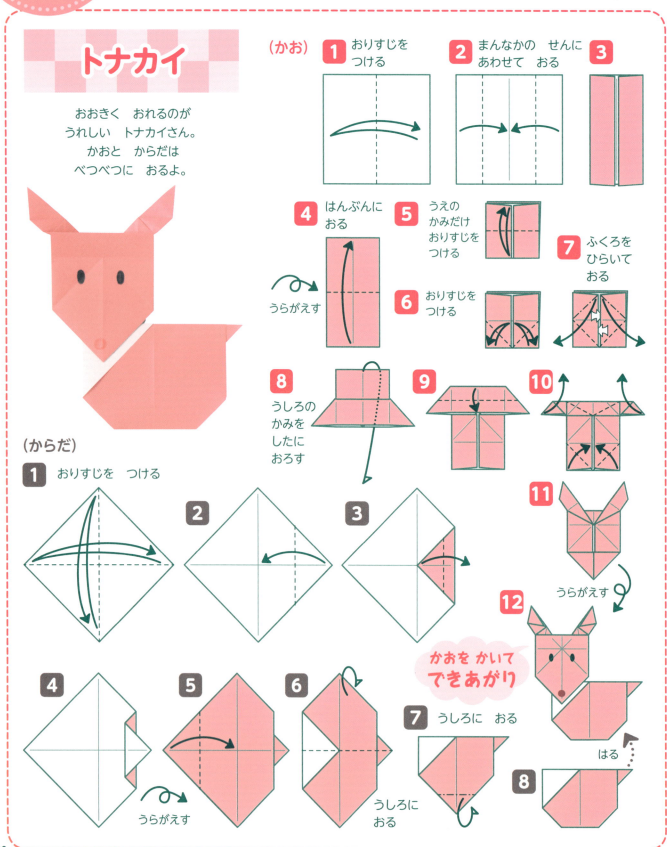

ツバキ

ふゆの はな ツバキ。
はなと はっぱは
おなじ おおきさの かみで
おって だいじょうぶ。

(はな)

1 はんぶんに おる

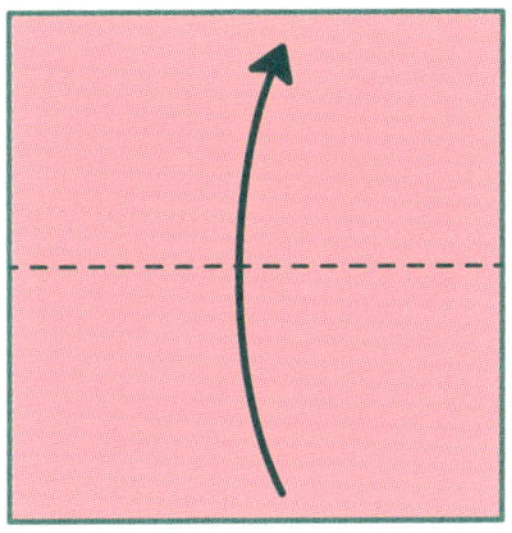

2 うえの かみだけ おりすじを つける

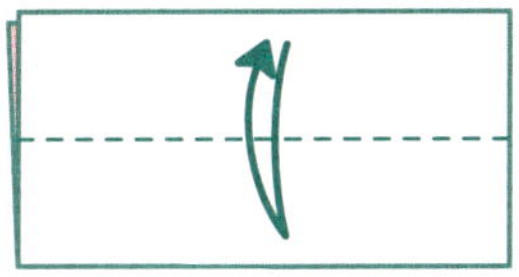

3 うえの かみだけ おる

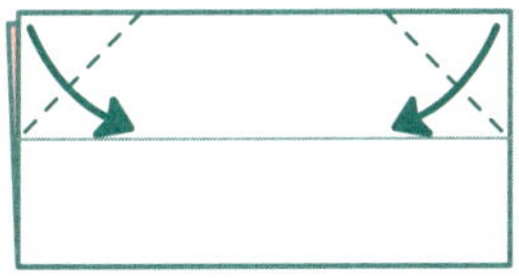

4 うしろに おる

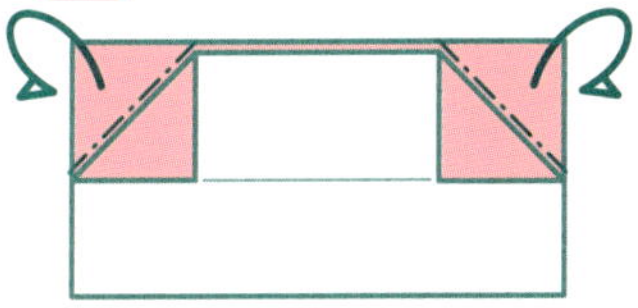

5 おりすじを つける

6 うえの 1まいだけ おる

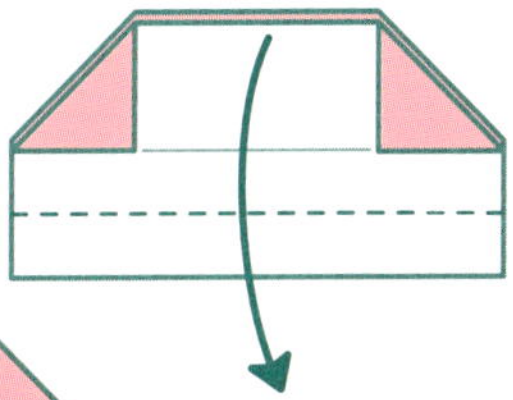

7

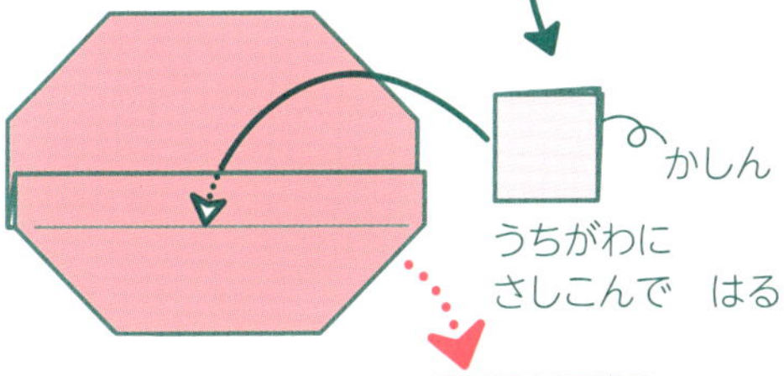

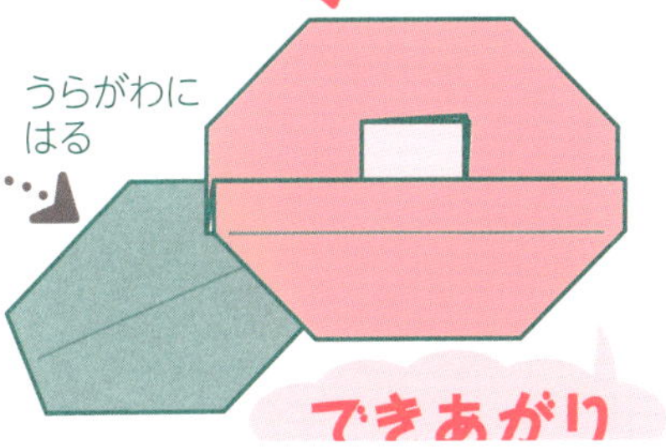

(かしん)
※はなの はんぶんの はんぶんの おおきさの いろがみで つくる

1 はんぶんに おる

2 はんぶんに おる

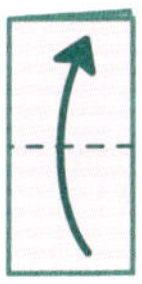

3 かしんの できあがり

うちがわに さしこんで はる

かしん

(はっぱ)

1 おりすじを つける

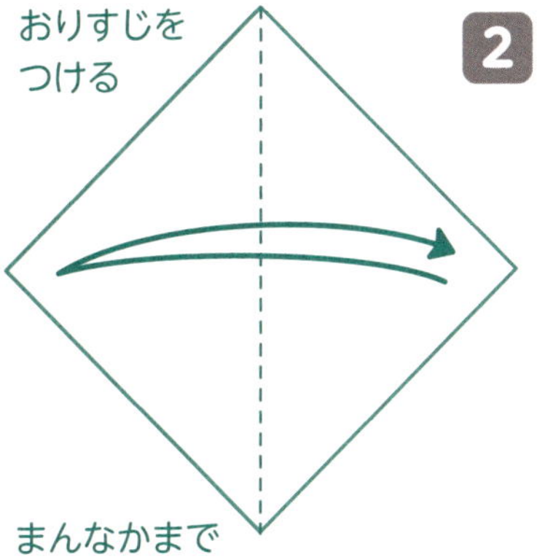

2 まんなかまで おる

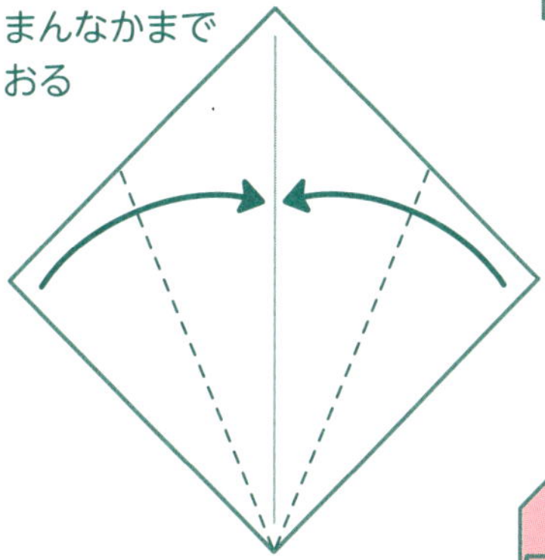

3 まんなかまで おる

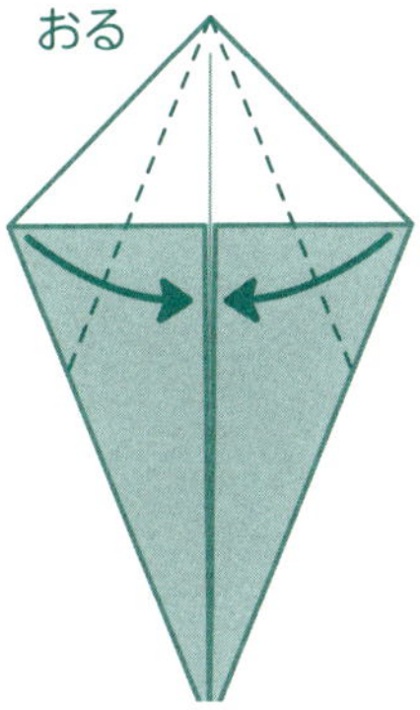

4

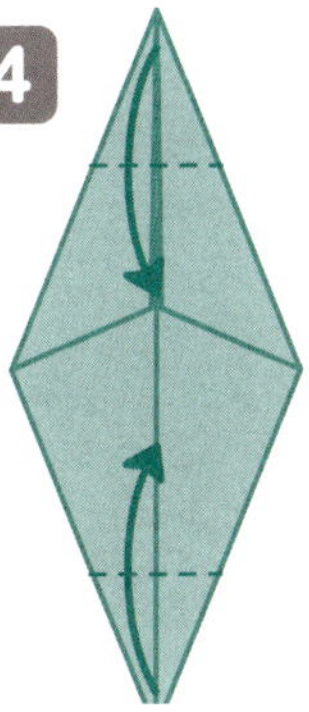

5

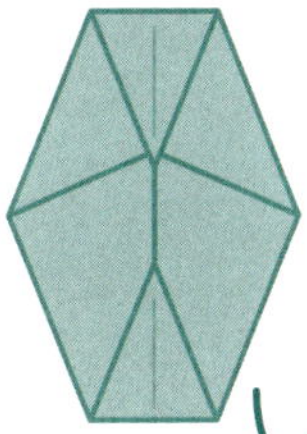

6 うらがえす

うらがわに はる

できあがり

折り紙あそび
トナカイ／ツバキ

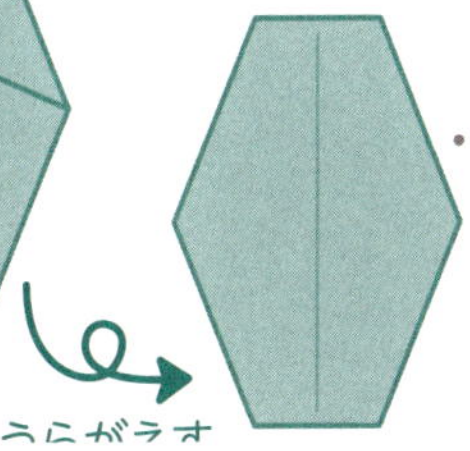

やっこだこ

1まいの かみで
おれる やっこだこ。
ちょっと こまかいところが
あるよ。がんばって。

1 たてと よこに おりすじを つける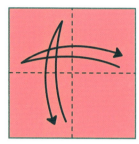

2 まんなかまで おる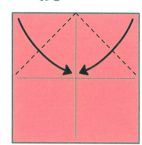

3 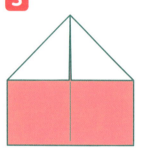 うらがえす

4 したへ おる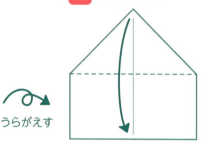

5 おりすじを つける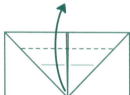

6 うえへ おる

7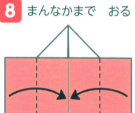

8 まんなかまで おる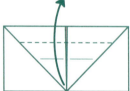

9 ふくろを ひらいて おる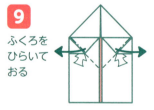

10  うらがえす

11 おりすじを つける

12 おりすじまで おる

13 ふくろを ひらいて おる

14  うらがえす

15 はしまで おる

できあがり

おに

かおと からだは
べつべつに おってから はります。
おにさんの
ぜんしんが つくれるね。

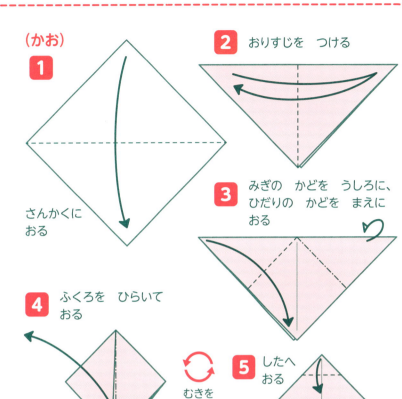

(かお)
1 さんかくに おる
2 おりすじを つける
3 みぎの かどを うしろに、ひだりの かどを まえに おる
4 ふくろを ひらいて おる
むきを かえる
5 したへ おる

6 うえの かみだけ おる

7 さんかくに おる

8 かどを まんなかに あわせる

9
うらがえす
10

（からだ）かおの 4 から つづけて おる

5 うえの かみだけ おる

6 さんかくに おる

7 りょうはしを かいだんおりする

かおを かいて はりあわせて できあがり

8

うらがえす

9

折り紙あそび　やっこだこ／おに

おひなさま

ひらいて おる
きものの しあげが
ポイントです。
かおを かいて できあがり。

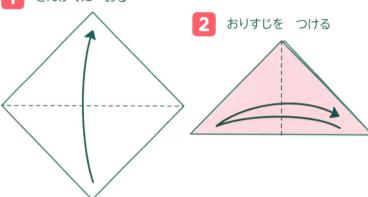

1 さんかくに おる

2 おりすじを つける

3 おりすじに あわせて おる

4 ふくろを ひらいて おる

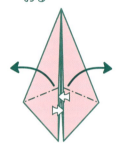

5  うらがえす

6 1まいだけ したへ おる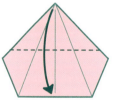

7 うえへ おる

8 もういちど うえへ おる

9 うちがわへ おる

10 ふくろを ひらいて おる

11 うしろへ おる

かおを かいて できあがり

育ててみよう！

飼育・栽培プラン

園で飼育しやすい生き物と、
栽培しやすい野菜や植物を紹介します。
自然への興味・関心が広がり、
子どもたちの心も豊かになるでしょう。

育ててみよう！
飼育・栽培プラン

小さな生き物を飼育してみよう

比較的、園で飼育しやすい生き物を紹介します。
小さな生き物との出会いは、きっと子どもの心を豊かに育ててくれることでしょう。

飼育する保育室の環境設定

蓋付きの透明のケースが飼育に向いています。市販されている物がありますので、有効に活用しましょう。

ケースは子どもの目線に合わせた高さの所に置き、風通しの良い日陰が適しています。飼育している生き物に興味をもったときにすぐ調べられるように、周りに図鑑や絵本を用意しておきましょう。また、虫めがねを数本かごの中に入れておき、いつでも観察できるようにしておきます。

飼育時に配慮したいこと

飼育の決定は全員で
クラスで飼育を始める前に、子どもたち全員と話し合って決めましょう。

世話はみんなで
子どもと保育者が一緒に世話をします。保育者だけで行なわないように、子どもの年齢に合った世話ができるように工夫しましょう。

情報を共有しよう
飼育中の生き物に変化があったときは、クラスみんなに知らせます。卵から赤ちゃんが生まれたうれしいことも、死んでしまった悲しい出来事も伝えます。どうしてそうなったのか、子ども自身が考えられるようにすることが大切です。

保護者にも理解してもらおう
お便りなどで、飼育の様子や生き物の様子を伝え、子どもたちが大切にしていることを理解・支援してもらえるようにしましょう。

年間飼育カリキュラム例

　ここに挙げた生き物を、いつどのように飼育するかは、情報をもとに、世話ができるかどうかを考慮して、子どもたちと一緒に決めていきましょう。

　「生き物の生態を知る」「いのちへの理解と想う心を育てる」「思いやりを育てる」というねらいを踏まえ、準備と飼育活動を計画しましょう。

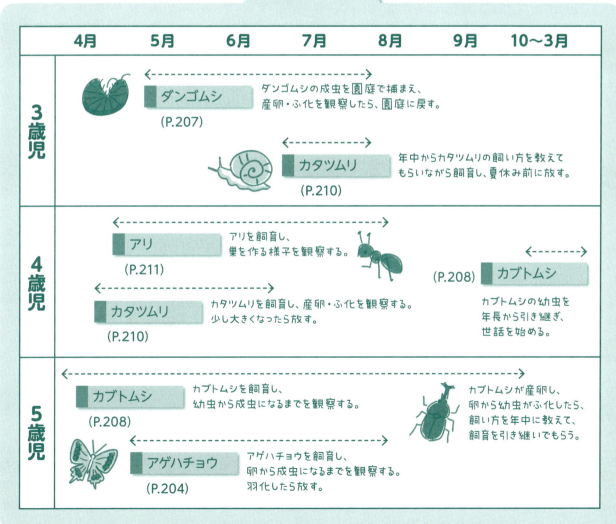

	4月	5月	6月	7月	8月	9月	10～3月
3歳児		ダンゴムシ (P.207) →→→→→ ダンゴムシの成虫を園庭で捕まえ、産卵・ふ化を観察したら、園庭に戻す。					
			カタツムリ (P.210) →→→ 年中からカタツムリの飼い方を教えてもらいながら飼育し、夏休み前に放す。				
4歳児		アリ (P.211) →→→→→→→→→→ アリを飼育し、巣を作る様子を観察する。				カブトムシ (P.208) ←←← カブトムシの幼虫を年長から引き継ぎ、世話を始める。	
		カタツムリ (P.210) →→→→ カタツムリを飼育し、産卵・ふ化を観察する。少し大きくなったら放す。					
5歳児		カブトムシ (P.208) →→→→→→→→→→→→→→→→→→→→ カブトムシを飼育し、幼虫から成虫になるまでを観察する。					カブトムシが産卵し、卵から幼虫がふ化したら、飼い方を年中に教えて、飼育を引き継いでもらう。
		アゲハチョウ (P.204) →→→→→→→→→→→→ アゲハチョウを飼育し、卵から成虫になるまでを観察する。羽化したら放す。					

アゲハチョウ

チョウチョウの中でも大きく、模様もきれいなアゲハチョウ。全国に分布し、里山から民家の周辺まで広範囲で見られ、なじみがあります。

幼虫は、若葉をよく食べるので、こまめに新鮮な若葉を入れましょう。子どもたちには、霧吹きで水を掛ける世話をしてもらうといいでしょう。

観察のポイント

どんな目と口をしている?

成虫は花の蜜を吸う口部が、ストローを巻きつけたようになっているので、その形を観察してみましょう。

幼虫は、左右12個の目をもっているようです。人間と違って、目がたくさんあることを、子どもたちは不思議に思うでしょう。他の生き物と比べたりしながら「おもしろいな」と思えるように関わっていきましょう。

飼育上のポイント

サナギにはハチやハエなどのいろいろな寄生虫が付きます。寄生虫が入らないようにネットを掛け、葉に付いた場合は、ティッシュペーパーで拭くようにしましょう。

モンシロチョウ

全国に分布し、3月〜10月頃まで野原や畑、町中の花壇に飛んでいるのをよく見かけるチョウチョウです。

ふ化した幼虫は、緑色食草を食べてアオムシになり、4回脱皮をして3cmほどの大きさになってさなぎとなります。

観察のポイント

卵を産み付けるところを見てみよう

春、園庭に菜の花かキャベツの苗を植えておけば、モンシロチョウがやってきます。卵を産み付けるところを、観察できる確率が高いでしょう。

卵と幼虫を見てみよう

モンシロチョウなどシロチョウ科のチョウチョウは、卵も幼虫も小さいので、虫めがねで観察してみましょう。

飼育上のポイント

幼虫時代に寄生されやすいので、なるべく卵から飼い、ケースの蓋にネットをかぶせるようにしましょう。卵が付いている食草を枯らさないように、水をはった瓶に挿して、鮮度を保つようにします。

チョウチョウ・ガの飼育と環境づくり

ほとんどのチョウチョウとガの仲間は、以下の方法で飼育することができます。

幼虫の食草を瓶に挿す方法

幼虫を見つけたら、その枝ごと持ち帰り、水の入った瓶に挿して育てます。幼虫が水に落ちないように、瓶の口をラップや脱脂綿でふさぎます。

瓶が入る大きなケースに入れ、幼虫に寄生する小型のハチやハエが入らない細かい網目のネットをかぶせておきます。ストッキングでも代用できます。

食草は、1日1回新しい物を多めに入れ、水も毎日取り替えましょう。

ケースの底にペーパータオルを敷いておくと、フンなどの掃除が楽にできます。フンを放置するとカビが生え不衛生になるので、毎日掃除します。

幼虫の食草をケースの底に置く方法

ケースの底に、湿らせたペーパータオルを敷きます。湿り加減は、水に浸した後、絞って水が垂れない程度にします。湿らせたペーパータオルの上に食草を載せ、幼虫を入れます。この方法の場合は、鮮度を保つのが難しいので、朝、晩の1日2回、食草を入れ替えましょう。ペーパータオルも毎日に取り替えます。

この方法の利点は、食草をペーパータオルに置くだけなので、小さめのケースでも飼育できるところです。

蓋については同様に、ハエなどが入らないように工夫しましょう。

育ててみよう！飼育・栽培プラン

テントウムシ

　一般的に赤地に7つの星をもつナナホシテントウがよく知られています。春から秋まで見ることができる身近な虫。テントウムシは葉っぱを食べていると思いがちですが、実際多くのテントウムシは、幼虫の頃からアブラムシ（アリマキ）を食べます。そのためアブラムシの集まる草（カラスノエンドウ、バラ、キク　など）によく生息し、卵も近くに産みます。ナナホシテントウの他、カラフルな模様をもつナミテントウもいます。自分のいのちを守るための警戒色といわれています。

飼育方法

　明るい草むらがテントウムシの住みか。5月の連休明けには、テントウムシのサナギを見つけることができます。サナギを見つけたら草ごと抜いて持ち帰り、水をはった瓶に挿してケースに入れ、網で蓋をしておきましょう。サナギは世話の必要がないので手軽に飼育を始められます。7日ほどで成虫になります。

　幼虫も成虫もアブラムシを食べるので、アブラムシが付いている植物を2、3日に一度入れます。幼虫を飼育する場合は、葉から落ちて水に溺れることがあるので、瓶の口にティッシュペーパーなどを詰めて閉じておきましょう。

飼育環境づくり

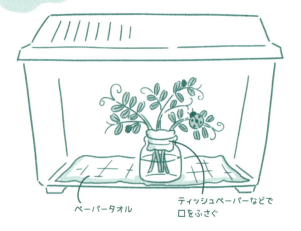

ペーパータオル　　ティッシュペーパーなどで口をふさぐ

観察のポイント

自分の指にはわせて飛ばしてみよう

　テントウムシは噛んだりしないので、たくさん触れてみましょう。上に登っていく習性があるので、手のひらにのせて人さし指を上に上げると、指先まではっていきます。はねをぱっと広げ天に向かって飛んでいく様子を観察することができるでしょう。

テントウムシは臭い！

　黄色い汁の匂いを嗅いでみてください。ツンとくる匂いです。これは関節部から分泌する体液で、この匂いで外敵から自分を守っているんだと、考えるきっかけになります。

死んだふりをするテントウムシ

　捕まえようと触れると、足を引っ込めてひっくり返ることがあります。そのままじっと待つと、また足をばたつかせて起き上がり、歩き始めます。テントウムシの死んだふり作戦。かわいい瞬間です。

羽化を観察しよう

　サナギから7日ほどで脱皮して成虫になります。羽化してから数時間は体が湿っており、模様もありません。その後少しずつはねの模様が浮かび上がっていき、その様子を見るのもおもしろいでしょう。

ダンゴムシ

名前の通り、団子のように丸くなるのがかわいい、子どもに人気のダンゴムシ。敵から身を守るために丸くなります。森よりも民家や公園など、人の住む所に生息します。じめじめした場所を好み、石の下や植木鉢の裏などで見かけます。噛むこともないので、小さな子どもでも愛着をもって触れることができます。

オスとメスの違いが区別しやすいのも特徴で、背中が黒いのがオス、金色の点模様が付いているのがメスです。

飼育方法

適度な湿り気と食べ物、大きめの石や割れた植木鉢を入れてあげると、その裏に付いて暮らします。食べ物は主に枯れ葉。他には煮干しやキャベツ、ジャガイモ、卵の殻などを与えます。

世話は霧吹きをするだけなので、年齢に応じて飼育・観察しやすく、子どもでも簡単に飼育できます。

観察のポイント

迷路を作って観察してみよう

ダンゴムシは、分岐路で右または左に進む方向を変えた場合、次の分岐路では前に右に曲がったものは左へ、左に曲がったものは右へと前の回転方向に対し逆方向に転向します。つまり二度続けて同じ方向へは曲がらないという反応をします。アリやゴキブリにも見られる反応です。この反応を利用して、ダンボール板などで作った迷路で実験してみるのもおもしろいです。

ダンゴムシの足は何本ある？

実際は14本ですが、動いたり丸まったりするダンゴムシの足の数をかぞえるのも楽しいです。10本以上数えられない子どももいますが、自分なりに一生懸命数えてみるのもいい経験になります。

枯れ葉を食べる様子を見てみよう

枯れ葉を1枚入れた容器にダンゴムシを数匹入れてみます。数日できれいに枯れ葉が食べられていく様子を見ることができます。写真に撮って変化を観察してみましょう。

いのちを考える

初めは空のケースに入れっぱなしにして、全部死んでしまうことも。「どうして死んでしまったのかな？」と話し合います。虫と関わる姿勢をもつことで、いのちに対しての理解と関心がどんどん深まります。

飼育環境づくり

割れた植木鉢や大きめの石
土を入れて枯れ葉を置く
霧吹きで水を掛け、適度な湿り気を保つ

飼育・栽培プラン　小さな生き物を飼育してみよう　テントウムシ／ダンゴムシ

育ててみよう！飼育・栽培プラン

カブトムシ

オスには立派な角があり、子どもたちに人気の昆虫です。日本には、体の小さいものや、オスにも角がないものなど、全部で4種類のカブトムシが生息しています。

チョウ類などの昆虫と異なり、成虫のカブトムシは飼育しやすいですが、幼虫は常に土の中にもぐり、幼虫も日中は土の中にいることが多いので、観察するのに工夫が必要になります。「観察のポイント」を参考に、カブトムシの土の中の生活も見てみましょう。

成虫の飼育方法

清潔な養土を7～8cmほどの高さになるようにケースの中に入れます。そこへ太めの朽ち木を斜めに立つように入れておきます。養土は常に適度に湿った状態にしておくことが大切です。夏は温度が高すぎると弱るので、風通しの良い日陰に置きます。またコバエが入らないように、ケースにネットを掛けてもよいでしょう。

エサは、カブトムシ用のゼリーをエサ台に入れておきます。スイカやメロンなどは水分が多く栄養価が低いので、与えないほうがいいでしょう。

オス同士はけんかをするので、1ケースに1匹だけ入れ、一緒にメスを2～3匹入れます。

幼虫の飼育方法

メスが卵を産んだ後、成虫のケースと分け、通常より湿り気を多めにした養土でふ化を待ちます。

養土は、ケースの9割程度まで入れます。ケースは頭数に対してゆったりした大きいサイズのものを用意しましょう。冬の間は室温が0度以下にならないように気を付けます。暖かすぎて早く成長してしまわないように、玄関など、暖房が入ってこない場所に置きます。

幼虫は、養土に含まれる木くずを食べています。大きくなったら、朽ち木の破片を足しておきます。またフンが多く見られるようになったら、ふるいにかけてフンを取り出し、養土を足したり、交換したりしましょう。

飼育環境づくり

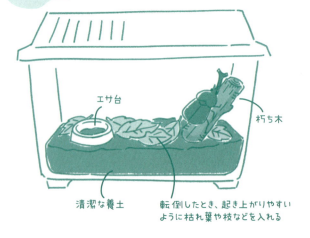

- エサ台
- 朽ち木
- 清潔な養土
- 転倒したとき、起き上がりやすいように枯れ葉や枝などを入れる

飼育環境づくり

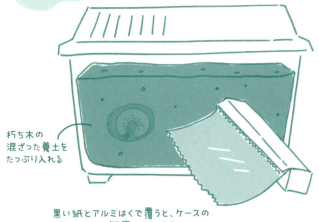

- 朽ち木の混ざった養土をたっぷり入れる
- 黒い紙とアルミはくで覆うと、ケースの端にくるので、観察しやすくなる

観察のポイント

土の中の幼虫を見るために
　幼虫は光を避けて土にもぐるので、ケースの養土が入った部分に、黒い紙とその上にアルミはくをかぶせて覆っておきます。すると壁際に寄ってくるので、姿が見やすくなります。覆いは、光が入らないようにぴったり付けておかないと効果がないので、ゴム紐などで上下を押さえるように取りつけましょう。

サナギの様子を見てみよう
　サナギになった1つを取り出してケースに入れておくと、姿がよく分かります。羽化はほとんど夜なので、観察するのは難しいですが、羽化した後のしばらくじっとしている様子を観察することができます。

成虫は力持ち!
　成虫になったカブトムシを持ってみると、とても軽いことにびっくりします。しかし、とまり木を持ち上げるほど、体は小さいのに力持ちです。ただ、あまり触りすぎると弱ってしまうので、気を付けましょう。

幼虫

サナギ（オス）

飼育上のポイント
　養土の湿度管理は、子どもには難しいので、時々保育者が様子を確認しましょう。乾燥していれば霧吹きなどで加湿します。
　幼虫に触ってもいいのは、養土を全部交換する10月と4月頃だけ。頻繁に外に出したり、触ったりしないようにしましょう。

樹液に集まってくる

力勝負が始まる

カブトムシの捕獲

　カブトムシの成虫は、7月中旬から8月の期間、夜活発に活動します。クヌギやコナラの樹液に集まるカブトムシを捕まえることができます。ただ、暗くなってからの森は危険がたくさんあるので、園児とともに捕獲することは避けましょう。
　幼虫は、4月から6月にかけて、落葉樹の朽ちた木の枝や木くず、落ち葉が多く堆積している所を掘ってみると、大きく育った幼虫を見つけることができます。特に雨上がりは、地面近くまで上がってきているので、発見しやすくなります。幼虫を捕獲するときは、傷つけないように軍手をして、そっと掘り出すようにします。

飼育・栽培プラン　小さな生き物を飼育してみよう　カブトムシ

育ててみよう！
飼育・栽培プラン

カタツムリ

ゆっくりとした動きと、出したり引っ込めたりする目や角がかわいいカタツムリ。子どもでも簡単に飼育できる初心者向けの生き物です。4月から6月頃に湿気の多い場所で見かけます。雑食で水分の多い野菜はほぼなんでも食べます。

雌雄同体（オスにもメスにもなれる）なので、2匹以上同じケースに入れておくと初夏頃に交尾し、卵を産みます。暑い夏は殻の中に膜を張って閉じこもります（夏眠）。日陰を作ってあげて、観察しましょう。

飼育方法

ケースに湿らせたペーパータオルを敷き、野菜とカルシウム補給のために卵の殻を入れておきます。湿気を保つために毎日霧吹きをしましょう。

産卵させるためには、土が必要です。瓶に5〜10cmの土を入れ、2匹以上のカタツムリを入れて飼育します。一度にたくさんの卵を産みます。

カタツムリは、夏眠や越冬が難しいので、梅雨が終わる頃には園庭に放してあげましょう。園庭に植木鉢を逆さまにした物を置いておくと、その中を住みかにすることもあります。

飼育環境づくり

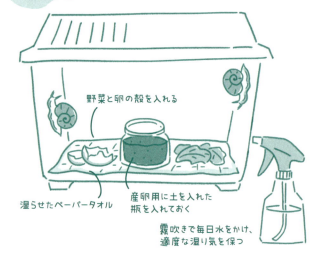

- 野菜と卵の殻を入れる
- 湿らせたペーパータオル
- 産卵用に土を入れた瓶を入れておく
- 霧吹きで毎日水をかけ、適度な湿り気を保つ

観察のポイント

歯は1万本以上もある！

カタツムリは歯舌と言われる所で擦り潰して食事をします。ケースの壁を歩いているときに、その様子を見ることができます。

器用に歩くカタツムリ

木の枝に乗せて、霧吹きをして待つと、ゆっくり歩きだします。細い木の枝や鉛筆でも、細い所を歩くのが上手。器用に歩く様子を見てみましょう。

触角は再生する！

2対の触角があり、大きい触角の先には目があり、小さい触角で匂いを感知します。触角がとれても100日くらいで再生します。触角がとれたカタツムリを見つけたら、観察してみましょう。

殻をもって生まれてくる

カタツムリは赤ちゃんのときから殻をもって生まれてきます。大人がそのまま小さくなったみたいで、そのかわいさに感動します。ただ、カタツムリの赤ちゃんは、大きく成長させるのが難しいので、赤ちゃんが生まれたら、逃がしてあげた方がいいかもしれません。

アリ

日本には何百種類ものアリが生息していて、大きさや形、食性、家族形態なども様々。ハチなどと同じようにアリには、働きアリ、女王（メス）アリ、オスのアリがいます。働きアリも通常は卵を産まないオスのアリ。家族形態が進化したアリでは、働きアリの一部が兵隊アリとなり、大きな体と牙のようなアゴを持つように変化していきます。

卵から生まれたアリは、大きくなるまで全て成虫に世話をしてもらいます。初めの働きアリたちが育つまで、女王アリが1匹で全て世話をします。

飼育・栽培プラン 小さな生き物を飼育してみよう カタツムリ／アリ

飼育方法

大小の透明のケースを重ね、その隙間に適度に湿らせた土を入れます。こうすることで、どの面も土の厚さが薄くなり、アリが巣を作ると通路が見やすくなります。

アリが小さいケースに落ちないように、ペーパータオルや蓋で塞いでおきましょう。大きいケースの蓋は、エサやりなど以外では常に閉めておきます。アルミはくで覆い、光が入らないように包んで巣ができるのを待ちます。動物性のエサや、アリが好む甘い物を与えます。

飼育環境づくり

大きなケースに小さなケースを入れ、隙間に湿らせた土を入れる

アルミはくで覆って巣ができるのを待つ

観察のポイント

働きアリの仕事を見てみよう

エサをどのように運ぶのか、幼虫や女王アリをどのように世話しているか、働きアリの様子を観察してみましょう。

飼育上のポイント

土は殺菌したものを使いましょう。晴天時、大きなビニールシートに土を広げ、時々かき混ぜながら2時間ほど直射日光を当てます。

湿度不足に弱いので、土全体が湿るようにスポイトなどで水を入れましょう。土が汚れたら、中の巣を壊さないようにその部分を取り除き、殺菌した土を入れておきます。

アリの捕獲

アリは社会性のある昆虫。家族で捕まえなければ飼育できません。必ず同じ巣のアリを捕獲しましょう。同種であっても、違う巣のアリを同士を入れるとお互い殺しあってしまいます。

また、捕獲するときは軍手をして、かまれないように気を付けましょう。

スズムシ

　スズムシは草むらの下など、やや陰湿な場所を好みます。体はスイカの種を大きくしたような形で、黒色。長い触角をもちます。オスはリーンリーンと鳴き、メスに愛情を訴えます。メスが気に入るとオスの背中に乗り、交尾します。飼育下では、交尾が終わるとオスはメスに食べられることが多いです。

　スズムシを飼育する文化は、江戸時代に始まったと言われています。子どもが「秋」を心で感じられるように、ぜひ保育の現場でも飼育して、子どもたちと一緒にスズムシの鳴き声に耳を傾けてみましょう。

飼育方法

　赤玉土や砂をケースの2〜3cmの所まで入れ、スズムシがとまれるように、かまぼこの板や小さなベニヤ板を入れておきます。エサにカビが生えないように注意しながら、霧吹きで湿り気を与えましょう。

　エサは少量ずつ毎日与えます。ナスやキュウリを串に刺しておくと長持ちします。雑食性なので、煮干しやかつお節、金魚のエサなども食べます。

　交尾を終えると2mmくらいの卵を産みます。4月末から5月頃にう化して、小さい幼虫が土から出てきます。この時期に乾燥させないように気を付けましょう。

飼育環境づくり

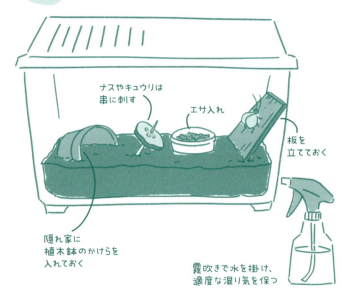

- ナスやキュウリは串に刺す
- エサ入れ
- 板を立てておく
- 隠れ家に植木鉢のかけらを入れておく
- 霧吹きで水を掛け、適度な湿り気を保つ

観察のポイント

卵を見つけよう

　細長くて白いので、見つけやすいです。小さなお米みたいで、子どもたちは一生懸命探します。

スズムシの鳴き声を聞いてみよう

　スズムシは夜によく鳴くので、ケースの周りを画用紙などで囲み、暗くしておきます。鳴くのはオスだけ。どんな鳴き声がするか、聞いてみましょう。

はねの形がハート!

　スズムシは鳴くとき、丸いはねを上に上げるので、それがハートの形に見えます。よく観察してみましょう。

飼育上のポイント

　ケースにアリが侵入して、幼虫が食べられてしまうこともあります。できるだけ室内で飼育しましょう。

　スズムシは自然の中で見つけることが難しいので、量販店などで購入して飼育するのもいいでしょう。

園庭に虫を呼び寄せよう

虫を好物で誘ってみましょう。どんな生き物が集まってくるかな？
園庭で実験！　観察して身近な自然体験を楽しんでみましょう。

肉食の虫

マイマイカブリ・ハンミョウなど

瓶にソーセージやササミを入れ、瓶の中に土が入らないように土に埋めておきます。
翌朝、瓶の中にマイマイカブリやハンミョウが入っていることがあります。

木の汁を吸う虫

※子どもが口に入れないように注意しましょう。

カブトムシ・クワガタ・カナブンなど

黒砂糖200g、焼酎200mℓ、酢大さじ2杯の割合でよく混ぜ、木の幹に塗っておきます。

皮をむいたバナナに焼酎を何度も重ねて塗り、発酵させます。ガーゼに包んで木に吊るしておきましょう。

育ててみよう！
飼育・栽培プラン

野菜・植物を栽培してみよう

鉢やプランターで子どもたちと一緒に栽培・観察しやすい野菜や植物を紹介します。
自然への興味・関心が広がり、豊かな感性が育まれることでしょう。

栽培活動で豊かな経験を

栽培活動を通して自然への興味・関心を深めよう

自然は、子どもの健全な成長・発達に欠かすことのできないものです。特に幼児期は、とても柔軟で心が動く時期といわれています。この時期での自然体験がとても重要になってきます。

みんなで植えて、世話をして「わあ、きれい」「いいにおい」「おもしろい」「なんでだろう」といった、様々な感覚や疑問をもつ体験が大切です。

栽培カレンダーを作りみんなに関心をもってもらおう

保護者にも関心をもってもらえるように栽培カレンダーを作って、子どもたちが今どんな栽培活動をしているのか、何を育てているのかを知ってもらいましょう。

子どもたちと話し合い、何を育てていくかを決めて計画し、みんなで栽培カレンダーを作って、目に付きやすい所に掲示しておきましょう。

P.222～223に「栽培カレンダー」を紹介しています。

キュウリ・トマト

＊栽培に適した時季＊
5月中旬に種まきをし、7〜8月頃に収穫

用意する物
種（キュウリまたはトマト）／培養土（花・野菜用の土）／鉢（8〜10号）
肥料（固形の化成肥料）／鉢底石または網／支柱／ワイヤー

キュウリ　　トマト

飼育・栽培プラン　野菜・植物を栽培してみよう　キュウリ・トマト

1 種まき

鉢に鉢底石と土を入れ、キュウリは1つの鉢に、深さ1cmの所に1cm間隔で3つの種をまきます。トマトは、鉢の中央に3〜5粒の種を、深さ1cmくらいの所にまきます。

2 水やり

鉢は日当たりの良い所に置き、発芽するまで朝と夕方に、種が流れないように優しく水やりをします。

3 間引き

双葉が出たら、元気の良い1本を残して間引きします。この時期の水やりも朝と夕方にします。

4 追肥

5月下旬頃から2〜3週間に1回、根元に20粒ほどの肥料をやります。

5 摘花・摘果・収穫

本葉が出た頃、支柱を立てて苗をワイヤーで留めます。生長したら1つの実に必要な葉3〜4枚を残して、不要な雌花や果実は取ってしまいます（摘花・摘果）。朝夕たっぷりと水やりをし、7〜8月頃に収穫します。

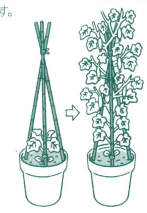

栽培上のポイント

- 葉っぱにじょうろや霧吹きで直接水を掛けるといいでしょう。葉からも水を吸収し、害虫などを洗い流すことにもなって、丈夫に育ちます。
- トマトの種はとても小さいので、なくさないように子どもたちと話し合っておきましょう。
- 固形の肥料は粒が小さめの物を使います。子どもが誤って口に入れる可能性がある場合は、液体肥料を表示通りに薄めて、週1回くらいのペースで与えましょう。

育ててみよう！飼育・栽培プラン

サツマイモ

栽培に適した時季
5月中に植え付けをし、9月下旬〜10月頃に収穫

用意する物
芋苗（サツマイモ、ムラサキイモなどの苗）／培養土（花・野菜用の土）
プランター（大型で深さがある物）／鉢底石または網

❶ 準備
プランターに鉢底石と土を入れます。

❷ 苗植え
苗は寝かせて、茎の半分くらいが土の中に入るように植えます（斜め植え）。植えたらすぐに土が流れないように優しく水をやります。

❸ 水やり
日当たりの良い場所に置き、毎日水やりをしましょう。1週間ほどで苗が根付きます。葉が枯れてしまうこともありますが、徐々に新しい葉が出てきます。

❹ 生長観察・収穫
水やりを続け、生長観察をしながら収穫を持ちます。9月下旬から10月に収穫できます。

ヘチマ

栽培に適した時季
4月下旬〜6月上旬に種まきをし、8月〜9月頃に収穫

用意する物
ヘチマの種／培養土（花・野菜用の土）／鉢（8〜10号）
肥料（固形の化成肥料）／鉢底石または網／支柱

1 種まき・水やり

鉢に鉢底石と土を入れます。深さ2cmくらいの所に2つの種をまいて日当たりのよい場所に置き、毎日水やりをします。

2 間引き・追肥

本葉が出たら、元気な葉を残して間引き、更に本葉が2〜3枚出てきたら、2〜3週間ごとに20粒くらいの肥料を与えます。

3 支柱を立てる

支柱を立ててツルをはわせ、その先をフェンスや棚にはわせます。

4 収穫

8〜9月頃、実が30〜50cmくらいに生長し、硬くなったら収穫します。

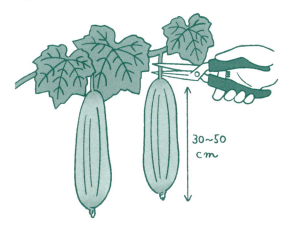

飼育・栽培プラン　野菜・植物を栽培してみよう　サツマイモ／ヘチマ

育ててみよう！
飼育・栽培プラン

オシロイバナ

栽培に適した時季
4月下旬～6月上旬に種まきをする。花期は7月～11月
花が咲いたら、色水あそびも楽しめる

用意する物

オシロイバナの種／培養土（花・野菜用の土）
プランター（大）または鉢（8～10号）／鉢底石または網

1 種まき（鉢で育てる場合）

鉢に鉢底石と土を入れ、1つの鉢に1粒の種をまきます。

種まき（プランターで育てる場合）

プランターに鉢底石と土を入れ、深さ1cmの所に15cm間隔で種をまきます。

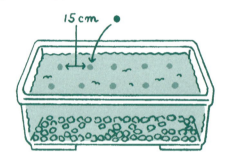

2 水やり

1日1回、種が流れないように水やりをします。10日ほどで発芽します。

3 開花

7月～11月頃まで、赤・白・黄色・紫などの花が咲きます。1株でも違う色の花が咲くことがあります。午後3時頃から咲き始め、翌朝しぼみます。花が咲いた後に、黒い種ができます。

カブ・ダイコン・ニンジン

＊栽培に適した時季＊
10月～11月に種まきをし、2月中旬～3月頃に収穫

 種／培養土（花・野菜用の土）／プランター（大型で深さがあるもの）
肥料（固形の化成肥料）／鉢底石または網

カブ　ダイコン　ニンジン

① 種まき

プランターに鉢底石と土を入れ、深さ1cmの所に10cm間隔で1～2粒ずつ種をまきます。割り箸で10～15cm間を空けて溝を2本つけてもいいでしょう。

② 水やり

日当たりのよい場所に置き、発芽するまで毎日水やりをします。発芽後は、プランターの排水口から水が出るまで、たっぷり与えます。

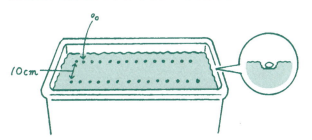

③ 間引き・土寄せ・追肥

双葉が出たら、1cm間隔に間引きします。更に元気な本葉を残して2回目の間引きをし、株と株の間が5～6cmになるようにします。いずれも株がぐらつかないように土を寄せておきましょう。2回目の間引き後は、プランター全体に肥料をばらまき、その後3週間に一度くらいの間隔で肥料を与えます。

④ 収穫

2月中旬～3月頃に収穫です。収穫せずにそのまま5月頃まで生長させておくと、花を見ることができます。

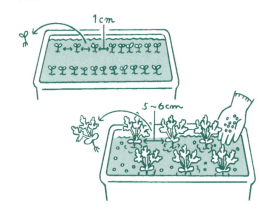

栽培上のポイント

- 種をまいた後の水やりは、種が流れないように注意しましょう。
- 種をまいたら害虫が付かないように、虫除けネットをかぶせておくと安心です。
- ニンジンの種はとても小さいので、なくさないように子どもたちと話し合っておきましょう。
種類によって収穫時季が異なりますので、種の袋に書いてある時季を確認しておきましょう。

育ててみよう！ 飼育・栽培プラン

ヒヤシンス・クロッカス

＊栽培に適した時季＊
10月下旬〜11月中旬に室内で水栽培を始める

用意する物
球根／水栽培用容器（ヒヤシンス、クロッカスの専用容器）
黒色画用紙

ヒヤシンスの水栽培　　クロッカス

❶ 栽培を始める

栽培は、水温が15℃くらいになる10月下旬〜11月中旬に始めます。水栽培用容器に水を入れ、球根を置きます。球根が腐らないように、水は球根の底がちょっとつくくらいにします。

❷ 光を遮断する

直射日光が当たらない窓辺に置き、根が容器の2/3に達するまで、円錐形にした黒色画用紙で、光を遮断します。

❸ 生長観察

根が容器の2/3以上伸びてきたら黒色画用紙を外し、水の量を減らします。毎日生長の様子を観察しましょう。

❹ 花が終わったら

花が終わったら、球根を鉢の中に入れて休眠させます。翌年は花が咲かないことが多いですが、その次の年には、またきれいな花が咲くでしょう。

栽培上のポイント

● きれいな花を咲かせるためにも、球根選びが大切です。できるだけ重く、形がきれいでしっかりした物を選びましょう。割れている物、カビが生えている物は避けます。

食虫植物

🌱 *栽培に適した時季*
1年中

用意する物
食虫植物の苗（ハエトリソウ、モウセンゴケ　など）
水ゴケ／植木鉢／植木鉢の受け皿

ハエトリソウ
貝が口を閉じたような形の葉が特徴。カやハエが触れると素早く閉じて虫を捕食し、消化液で溶かして栄養にする。

モウセンゴケ
葉のせん毛から、虫が好む甘い香りやネバネバした液を分泌する。この液に虫がくっつくと、葉とせん毛が虫を包むように曲がり、消化吸収する。

1 苗植え

植木鉢に水ゴケを入れ、食虫植物を植えます。湿気を好みますので、水ゴケが乾かないように、受け皿にいつも水が入っている状態にしておきましょう。

2 生長観察

株が根付くと、初夏から夏頃に花が咲きます。夏は直射日光を避け、半日陰に置きます。寒さに弱い植物なので、冬は日の当たる窓辺に置きましょう。

ミント

🌱 *栽培に適した時季*
1年中

用意する物
ミントの苗（アップルミント、ペパーミント　など）
赤玉土・腐葉土

ミント

1 土づくり

園庭の土を掘り起こして柔らかくし、赤玉土と腐葉土を同じ割合で混ぜ込みます。

2 苗植え・水やり

苗を植えたら、苗が土になじむまで、毎日水やりをします。冬に入る前に軽くせん定しておくと、次の年にどんどん新芽が出てきます。

飼育・栽培プラン
野菜・植物を栽培してみよう　ヒヤシンス・クロッカス／食虫植物／ミント

年間栽培カレンダー例

育ててみよう！飼育・栽培プラン

模造紙大で作り、子どもたちにも分かりやすいように写真やイラストを取り入れて、表示に工夫して掲示してみましょう。

植物	4月	5月	6月	7月	8月
キュウリ (P.215)		〈種まき〉		〈花期・収穫期〉 黄色い花（雌花・雄花がある）がつき、受粉後小さなキュウリの実ができ始める。	
トマト (P.215)		〈種まき〉		〈花期・収穫期〉 6月頃から茎や葉に白い毛が生える。小ぶりの黄色い花をつけ、受粉後緑色の実をつける。	
サツマイモ (P.216)		〈苗植え〉 ほとんど根のない状態で植える。		〈花期〉 アサガオに似た花が咲く。	
ヘチマ (P.217)	〈種まき〉 本葉がしっかり育ってくる5月頃から巻きツルが出てくる。			〈花期・収穫期〉 7月頃から鮮やかな黄色の花が咲く。実が硬くなったら収穫する。	
オシロイバナ (P.218)		〈種まき〉		〈花期〉 ピンク・黄色・白など色とりどりの花が咲く。花は夕方〜夜間に開花する。	
カブ・ダイコン (P.219)	〈花期〉				
ニンジン (P.219)	〈花期〉 小さく白い花が集まって咲く。				

ニンジンの花

飼育・栽培プラン

野菜・植物を栽培してみよう　年間栽培カレンダー例

使いたい大きさに拡大コピーして着色し、園の栽培カレンダー作りにご活用ください。

 ▶ 9月　 ▶ 10月　 ▶ 11月　 ▶ 12月　 ▶ 1月　 ▶ 2月　 ▶ 3月

〈収穫期〉
茎は食べられるのでとっておく。
（茎の皮をむき、だしで炊く）

花が終わったら緑色の実ができ、
1週間ほどで黒い種になる。

ダイコンの花

〈種まき〉

〈収穫期〉
収穫せずにそのままにしておくと花が咲く。
花が咲いた後に種ができる。

〈種まき〉
1週間ほどで発芽する。
新芽は糸のように細い。

〈収穫期〉

育ててみよう！ 飼育・栽培プラン

植物の力を借りて土作り

　園庭の土がグラウンドのように硬くて、植物が育たないということがよくあります。そんな園庭を肥よくな土壌に変えるためには、植物の力を借りるといいでしょう。

　例えばシロツメクサは、やせた土地でもよく育ち、その土を栄養のある土に変えてくれます。これは、シロツメクサの根にある根粒菌が窒素を抱き込み植物の栄養になるからです。他に同じ働きをする植物では、レンゲソウ、アカツメクサなどのマメ科の植物があります。

　特に荒地などにいち早く生えてくるヤマモモ、ハンノキ、グミなどは、葉にも窒素分が多く含まれているため、落葉することで土に栄養を与えてくれます。

シロツメクサを育てよう

日当たりのよい樹木の周りなどの土をよく耕し、そこにまんべんなくシロツメクサの種をまいて土を少しかぶせ、毎日水やりをします。夏が終わるとシロツメクサは枯れてしまいますが、その土壌は栄養のある土に変わっていますので、他の草がしぜんと生えてよく育つようになります。

落ち葉で土に栄養を

園庭の落ち葉は、木の根元や植物が育ってほしい場所にまいておきましょう。落ち葉が腐ってくるとダンゴムシやミミズなどが食べ、それらのフンが微生物によって分解され、土になっていきます。

子どもと一緒に害虫駆除

　栽培の過程で、植物にいろいろな虫が付いて悩まされることがあります。殺虫剤を使わずに、子どもと一緒にできる害虫駆除をしてみましょう。

牛乳を使ってアブラムシを退治

野菜などの苗にアブラムシが付いてしまったときに有効です。牛乳を水で3倍くらいに薄め、霧吹きの容器に入れます。これをアブラムシが付いている所に吹き掛けます。数日でアブラムシが付かなくなります。

約3倍に薄めた牛乳

定期的にナメクジを退治しよう

出たばかりの芽をナメクジに食べられてしまうことがあります。特に、植木鉢やプランター栽培の場合、底の裏にナメクジが隠れていることが多いです。時々、鉢やプランターを持ち上げて底を確認し、子どもたちとナメクジを定期的に取り除くようにします。ピンセットや割り箸を使うといいでしょう。

子どもたちに
伝えよう！

行事の由来

七夕や節分などの行事は、いつ、何から起こり
どのように現在まで伝わってきたのでしょう。
まず、保育者が正しく知って、
やさしい言葉で子どもたちに伝えていきたいですね。

子どもたちに伝えよう！
行事の由来

こどもの日

　5月5日のこどもの日は、「端午の節句」とも言われ、子どもの成長をお祝いする日です。もともとは男の子をお祝いする日でした。
　1948年に、5月5日が「こどもの人格を重んじこどもの幸福をはかるとともに、母に感謝する」国民の祝日と定められ、男の子のためのお祝いだったものが、子どもたちみんなをお祝いするようになりました。子どもだけのお祝いではなく「母に感謝する」という意味もあったのですね。

「かぶと」や「こいのぼり」を飾るのはなぜ？
　かぶとやよろいは昔、体を守るために使われていました。「災いから身を守る」という意味合いから、子どもの身を守って健やかに育つことを祈願して飾られるようになったそうです。
　また、こいのぼりを飾るのは、滝をも登る強いコイのようにたくましく育ってほしいという願いが込められています。

どうしてかしわもちを食べるの？
　カシワの葉でお餅を包んだものが「かしわもち」。カシワの葉は、新芽が出るまで落ちないことから、「家系が絶えない」と縁起物として扱われました。江戸時代から端午の節句に食べる習慣が根付いたと言われています。

なぜ菖蒲湯に入るの？
　ショウブの葉は香りが強いため、病気や悪いものを追い払ってくれるとされています。ずっと昔からショウブの葉を入れたお湯につかるといいと考えられていたようです。子どもが病気をしないで元気に育つよう願いを込めて菖蒲湯に入るようになったのですね。

七夕

　7月7日の七夕は、ササの葉に願い事を書いた短冊を飾ったり、織姫と彦星の話を聞いたり、子どもたちにとっても楽しみにしているイベントです。ササに願い事を書いて飾るのは、日本独自の文化。地域によっても様々なイベントがあるようです。

どうして「たなばた」っていうの?
　七夕の由来は諸説ありますが、着物を織る機械が「棚機（たなばた）」と呼ばれており、いつしか「七夕」に変わっていったようです。

ササに短冊を飾るのはなぜ?
　ササは、天に向かって生長し、サラサラと音を出します。この音が先祖の霊を呼ぶとされ、ササは神聖なものと言われています。天や先祖に願いが届きますようにと、ササに短冊を飾るようになったのですね。

織姫と彦星の伝説
　織姫は着物を織る仕事をしている美しい女性でした。父である天の神様が、天の川の岸で牛飼いをしている働き者の彦星と引き合わせ、2人は結婚しました。
　しかし2人は遊んでばかりで働かなくなってしまい、人々の着物もボロボロになり、牛も病気になり、みんなが神様のところに文句を言いに来ました。
　怒った神様は2人を天の川の両岸に引き離し、織姫と彦星は離れ離れになってしまいました。織姫は悲しみのあまり毎日泣いてばかり。そんな姿を見た神様はかわいそうに思い、1年に1度、7月7日の夜だけは彦星と会うことを許したのです。それから2人は会える日を楽しみに一生懸命働きました。
　ようやく2人が会える日が来ました。しかし、水かさが上がった天の川を渡ることができません。そこに、どこからともなくカササギが現れて、天の川に橋をかけてくれました。
　今でも織姫と彦星は、毎年その橋を渡って再会し、愛を確かめ合っています。

子どもたちに
伝えよう！
行事の由来

敬老の日

　敬老の日は、毎年9月の第3月曜日。兵庫県多可郡野間谷村（現在の多可町）で行なわれていた敬老行事「としよりの日」が始まりとされています。
　のちに「敬老の日」と改称され、9月15日が国民の祝日として制定されました。2003年以降、第3月曜日に日付が変更され現在に至っています。

「敬老の日」の意義

　敬老の日は、「多年にわたり社会につくしてきた老人を敬愛し、長寿を祝う」とされています。目上の人を敬う気持ちを日頃から大切にしたいですね。

何歳からお祝いするの？

　国連の世界保健機関（WHO）の定義では、65歳以上の人のことを「高齢者」としているので、一般的に65歳以上の人が該当するようです。しかし、当人の気持ち的な部分も大きく、老人と捉えられることに抵抗がある人が多いのも現状です。年齢に線引きせず、孫から祖父母へ、「おめでとう、ありがとう」の気持ちを伝えることが大事なのかもしれませんね。

敬老の日には何をする？

　日頃の感謝の気持ちとこれからの長寿を願って、贈り物をしたり、食事をしたりしてお祝いするのが、一般的なようです。
　園ではぜひ世代間交流の場を設け、お年寄りと一緒に手あそびしたり、歌をうたったりしてみませんか。子どもにとってもお年寄りと関わることは、社会性や思いやりの心を養うことにつながります。過ごす時間、子どもの人数、触れ合い方など、保育者がお年寄りに配慮する気持ちをもって交流するようにしましょう。

お月見

　旧暦の8月15日頃は、1年で最も明るく美しい満月が見られることから「中秋の名月」と言われます。秋の収穫時期とも重なることから、豊作を祈る収穫祭として親しまれ、新暦の現在でもお月見の風習として残っています。

十五夜とは?

　「十五夜」とは、本来満月のことで、新月から満月になるまでに約15日かかることから「十五夜」と呼ぶようになりました。

月見団子を供える意味は?

　昔、欠けても満ちる月を「生や不死の象徴」と捉え、月と同じく丸い団子を食べると健康と幸福が得られると考えられていました。団子を供えるときは、三方に載せるのが正式なお供え。三方がないときは半紙を敷きます。

ススキを飾る意味は?

　ススキは稲穂の代わりとして飾ります。子孫繁栄や豊作を見守ってくれる月の神様がおりてきてススキに乗り移ると考えられていました。

　ススキも含め、秋の七草(ハギ・キキョウ・クズ・ナデシコ・オバナ(ススキ)・オミナエシ・フジバカマ)も花瓶に入れて飾ります。

　月が見える縁側や窓辺に、月見団子やサトイモ、エダマメ、季節の果物などを供え、秋の七草を飾って月を観賞します。

> 子どもたちに伝えよう！
> 行事の由来

夏至・冬至

　1年で最も昼の時間（日の出から日没まで）が長いのが「夏至」、1年で最も昼の時間が短いのが「冬至」。夏至は太陽の位置が最も高く、冬至はその逆です。こうした太陽の様子から、夏至は太陽の力が最も強まる日で、冬至は太陽の力が最も弱まる日として古くから捉えられていました。

夏至の風習と食べ物

　夏至に太陽の力が最大になると考えられていたことから、太陽の恵みに感謝し、豊作を祈願するようになりました。夏至から11日目の半夏生（はんげしょう）までに田植えをする習わしができ、そして田植えが終わると小麦餅を作って供えるようになりました。

　関西ではこの餅を「半夏生餅（はんげしょうもち）」といいます。他に、タコの足のように広く根付いてほしいという願いから、タコを食べる風習もあります。

冬至の行事食

　冬至はこの日を境に日がのびていくので、太陽が生まれ変わる日と考えられ、「ん」のつく物を食べて「運」を呼び込みます。「いろはにほへと」が「ん」で終わることから、「ん」には一陽来復（悪いことが続いた後に幸運が開ける）の願いが込められているからです。

　ダイコン、レンコン、うどん、ギンナンなど「ん」のつく物を「運盛り」といい、縁起を担いでいます。カボチャは漢字で書くと南瓜（なんきん）。冬至にカボチャを食べるのもこのことからきています。その他の行事食にアズキを使った「冬至がゆ」、アズキとカボチャを煮た「いとこ煮」などがあります。

冬至にゆず湯に入るのはなぜ？

　ユズは「融通」がきく、冬至は「湯治」。こうした語呂合わせからゆず湯に入ると思われていますが、もともとは運を呼び込む前に厄払いをするための「禊（みそぎ）」だと考えられています。一陽来復のために身を清めるのですね。また、ユズは実がなるまで長い年月がかかるので、長年の苦労が実りますようにとの願いも込められています。

お正月

　もともと「正月」とは1月の別称。1日を「元日」、3日までを「三が日」、7日までを「松の内」と呼びます。15日（地方によっては20日）の「小正月」で、一連の正月行事が終わります。

　お正月は、それぞれの家庭に1年の幸せを運ぶためにやってくる年神様をお迎えする行事。そんな神様を迎えるための正月行事には、一つひとつ役割と意味があります。

門松

　古くから神を待つ木とされるマツ。神様が迷わないように目印として玄関前に飾ります。門松を飾る期間を「松の内」といいます。

しめ縄

　しめ縄は、神様の領域に不浄なものが入らないようにする役割を果たし、神聖な場所であることを示す飾りです。飾る場所は、玄関の軒下の真ん中が一般的です。

鏡餅

　年神様へのお供え物であり、鏡餅に年神様が宿るとされています。家長が餅玉（魂）を家族に分け与えたのが「お年玉」、それを体に取り込むのが「お雑煮」とされています。

初日の出

　年神様は日の出とともにやってくるとされ、元旦に初日の出を拝めば願いが叶い、その年は健康に過ごせると言われています。

おせち

　おせち料理は、神様にお供えする料理という意味の御節供（おせちく）が略されたもの。福を重ねるという縁起を担いで重箱に詰めます。火の神である「荒神様」を怒らせないように、年の暮れに作って、保存ができるものになっています。

子どもたちに伝えよう！
行事の由来

節分

　節分とは「季節を分ける」、つまり「季節の変わり目」のことを意味します。立春・立夏・立秋・立冬のそれぞれの前日を指すもので、本来1年に4回あります。

　その中でも立春は、厳しい冬を乗り越えた時期として特に尊ばれ、次第に節分といえば、立春の前の2月3日のみを指すようになりました。旧暦では新しい年が始まる重要な日にあたり、節分は、年の節目（季節の節目）に無病息災を願う行事として定着していきました。

なぜ豆をまくの？

　季節の分かれ目には邪気が入りやすいと考えられていて、厄や災い、鬼を追い払う儀式が古代中国から伝わりました。日本は古来から「大豆」は邪気をはらう霊力があると考えられていて、宮中行事の「豆打ち」という儀式と合わさり「豆まき」の行事が広まりました。こうして、旧暦では重要な年の始まりである「節分」に豆をまくようになったとされています。

　豆まきが終わったら、1年の厄除けを願い、そのまいた豆を自分の年齢より1粒多く食べます。また、豆を食べると「健康（まめ）になる」という意味もあるようです。

どうして「鬼は外、福は内」って言うの？

　鬼は、得体の知れない邪気のことを意味し、災害や病気などの悪いことは全部鬼の仕業と考えられていました。そのため邪気である鬼をはらい、福を呼び込むことから、「鬼は外、福は内」と言いながら豆まきをするようになりました。

　節分は日本に受け継がれた年中行事の一つ。しきたりにこだわらず、みんなで仲良く豆まきを楽しむのもいいですね。

ひな祭り

　古代中国では、3月3日の節句は忌み日とされ、災難を避けるために川で手を洗い、身を清めると悪いことが全部消えると考えられていました。これが日本に伝わると、自分の代わりになってくれる人形を川に流し、悪いことをもっていってもらうようにお祈りするようになりました。そのうち人形を川に流すのではなく、人形を飾って女の子の健やかな成長を願う行事になっていきました。ちょうど3月は、邪気をはらう力があると信じられていたモモの花が咲く季節であったことから、「桃の節句」とも言われるようになり、ひな祭りのお供え物や食べ物には、いろいろな意味や思いが込められています。

白酒・甘酒

　もともとは、邪気をはらうとされるモモの花びらを漬けた「桃花酒(とうかしゅ)」が始まりです。現在では、蒸したもち米や米麹にみりんや焼酎を混ぜて作る「白酒」が定着しています。

ひし餅

　ひし餅は、下から緑・白・赤ですが、これは「雪の下には新芽が芽吹き、モモの花が咲く」ことを表します。災厄を除き、親が娘の健康を願う気持ちが込められています。

ひなあられ

　行事の終わりにひし餅を砕いたのが始まりと言われ、健やかに幸せに過ごせるようにという願いが込められています。

ハマグリのお吸い物

　ハマグリは二枚貝。ぴたりときれいに合わさることから、仲の良い夫婦を表し、女の子の良縁を願う縁起のよい食べ物と考えられています。

　このように、ひな祭りの代表的な食べ物には子どもの成長と健康を願う思いと、それぞれ縁起のよい意味が込められています。心からお祝いしてあげたいですね。

園紹介

本書に執筆・協力いただいた9つの園について、それぞれの園の特徴や保育方針、活動などを紹介をします。

※園児数は執筆当時のものです。

あそびの中の学びを大切に

東一の江幼稚園（東京都・江戸川区）　園児数：約245名

　東京都江戸川区、住宅街の幼稚園。創設54年目を迎える。住宅地だからこそ、ユスラウメ、ビワ、プラム、ミカンなど四季に応じて実のなる木を植えるなどの自然環境を園内に用意する。また、幼稚園近隣のお店や学校など子どもの興味に応じてその資源を活用することも大切にしている。

　平成28年度より現園長に代わり、今まで積み重ねてきた園の保育の充実を図る。クラス編成は3歳児〜5歳児まで1学年3クラスの同一学年クラス。

　東一の江幼稚園ではあそびの中の学びを大切にし、その学びが深まるように「あそびのじかん」と「みんなのじかん」を設定し、その相乗効果からあそびの充実を目指す。

　「あそびのじかん」では自発的に子どもたちが遊び、一方「みんなのじかん」では「あそびのじかん」で発見したことや分からなかったことなどをクラスなどの前で発表したり、みんなで考えたり、また、数人で遊んでいたものがもっと人数が増えたら、あそびが深まるのではと「みんなのじかん」でそのあそびを体験し、「あそびのじかん」に自発的に遊べるようにしたりもする。

　保護者への発信も大切にし、週に1度の園長による週の便りやアプリを利用した副園長の保育ドキュメンテーション、一人ひとりの子どもたちの育ちの記録となるラーニングストーリー「育ちのノート」、実際に保護者が保育に参加する「保育参加」など、できる範囲で多様な支援を心掛け、保護者への発信をしている。

　そのため保育者が遊びのヒントをくれたり、必要なものを持ってきたりするなど、保護者も遊びを一緒に楽しむようになってきている。

　このように地域、保護者、園のそれぞれの資源を活かし、三位一体となって保育を進め、子どもたちの健やかな成長を保証する環境作りを目指している。

　また、平成29年度より同敷地内に小規模保育事業「東一の江保育園こすもす」を設立し、0歳児〜小学校就学前までの子どもたちが集まる施設となり、日々の保育実践を行っている。

子どもたちが自分で考えられる環境に

白梅学園大学附属白梅幼稚園（東京都・小平市）　園児数：約169名

　子どもたちが自分たちで考え、生活やあそびを進めていくことを設立当初から大事にしている。一人ひとりがあそびの中で、物や仲間と出会い、やりたいことが実現できるように日々保育を積み重ねている。

　子どもの興味・関心から始まったあそびに保育者が丁寧に関わっていくことで、あそびが深まり、あそびの充実が更に高まっていく。

　近年では、保育の質をもっと高めるため、活動や行事を見直し、子どもの興味・関心から発展していくあそびを模索している。

子どもたちのつぶやきを感じ取れる環境を

認定こども園　さくら（栃木県・栃木市）　園児数：約290名

　「アイディアを形にする力を子どもたちに」を保育のテーマに「子どもたちの夢や願いを叶える保育」をと平成22年度より、子ども主体の保育を展開しはじめる。0・1・2歳の6月くらいまでは「育児担当制」を展開し、子どもたちの心の安心・安定を育み、「子どもたちのココロの揺れ動きを醸造」し、3歳以上になると朝とおやつ時に子どもたちとの対話の時間を作っている。昨日の続きができる楽しみと葛藤と、今日活動をしてきたうれしさや戸惑いなどを共有しながら、子どもたちと保育をデザインしている。

　そのために、保育者にも主体的な活動ができるように園内組織を改編し、園長の考えている保育を実践するのではなく、保育者と合議体として保育を展開することに転換。会議と名の付くモノは極端に減らし（年に1、2回程度）、保育でICTを活用するならば、職員間のコミュニケーションテクノロジーから始めようと、まず職員間のSNSを構築。さらに保育日誌・出席簿などの紙ベースの物を減らし、普段の「あたりまえ」を見直すことを継続中。

　その中でも、保育者の研修体系には特に注力し、園内研修では職員間の上下関係を超えることは難しいので、園外の研修体系を構築するために一般社団法人Learning Journeyを設立。ベクトルが同じ園長・企業の方々と「先生方のココロのゆとり」をもち、「子どもたちのつぶやきを感じ取れる感覚」を楽しみながら学べる環境づくりを実践中。これら園外での刺激と園内での保育が融合して「自園のワクワクした保育を展開できる文化」になっていくことを楽しみにしている。

子どもの声に耳を傾けることを第一に

野のゆり保育園（東京都・目黒区）　園児数：約46名

　少人数ならではの家庭的な雰囲気、安心感を大切に保育をしている。平屋建ての園舎は、各部屋がつながっており、クラスにとらわれず、好きな場所で過ごすことができる。自然と異年齢の関わりが多くなり、きょうだいのような関係が子ども同士に築かれている。小さいながらも園庭があり、泥んこの築山や大型の木製遊具などで、日々、体を十分に動かして遊んでいる。

　子どもたちの声に耳を傾けることを第一に考えた保育を心掛け、保育者一人ひとりが、子どもの気持ちを受け止められるようにしている。子どもたちには思いやる心や、創造力を育んでほしいと考えている。

思いやりの心と自尊心を育む保育を

双葉の園保育園（東京都・目黒区）　園児数：約165名

　戦後間もない1948年から開園した歴史がある保育園。渋谷から1駅の立地だが、木に囲まれた自然を感じられる環境にある。都内屈指の広い園庭は、0・1歳児専用の園庭と広い園庭の2か所に分かれ、大型の木製遊具や、ブランコなどの固定遊具、泥んこの築山、自由に動かせるタイヤや木材などがふんだんにあり、子どもたちが思いきり遊べる環境にある。

　「創造力と自立心、人には優しい心　自分には強い心」という保育目標をあげ、乳児期からしっかりと気持ちを受け止められることを実感できる保育を心掛けている。幼児期は、一人ひとりがやりたいことを見つけ、主体的に取り組み、周りの保育者や子どもたちと互いに認め合いながら、思いやりの心や自尊心を育んでほしいと考えている。

保護者との協力で子どもと環境を支える
宮前幼稚園（神奈川県・川崎市）　　園児数：約380名

　「わくわく生き活きと輝き、創造的にあそべる子ども」を教育目標とし、子どもたちの主体的なあそびを大切にしている。

　豊かなあそびを支える環境として、園庭を水・風・光・土・森のゾーンに分けてデザインし、築山・ターザンロープ・小川・水車・ビオトープ・ザリガニ池・田んぼ・竹林といった子どもたちが五感を働かせて関わることができる自然環境を有している。

　子どもたちのための環境づくりに保護者も積極的に活動している。父親によるおやじの会では、落ち葉のプールやタラヨウの葉にお絵かきするなど自然あそびをテーマにしたイベントを企画・運営している。母親によるサークル活動では、季節ごとに園庭の花の植え替えを行ない、子どもたちが春夏秋冬の季節感を感じられるように整備したり、

子どもと一緒にもち米づくりを行ったりしている。園と保護者が協働し豊かな自然環境を支え、子どもたちの多様な経験へとつなげられることを大切にしている。

子どもの夢をかなえる保育の実現を
RISSHO KID'S きらり（神奈川県・相模原市）　　園児数：約91名

　RISSHO KID'Sきらりは、「一人の夢がみんなの夢になる　一人の幸せがみんなの幸せになる」という保育理念のもと、「夢をかなえる保育」に取り組んでいる保育園。そこには「子どもと保育者が自らの夢を大切にし、その実現を通して生きる魅力やおもしろさをとことん味わってほしい」という園長の強い願いがある。

　園庭がないテナント型の園ではあるが、だからこそ「園庭のある園以上に魅力的な保育を実現しよう！」と、豊かな室内環境のデザインや地域資源の積極的な活用を通して、「思わず子どもも大人もやってみたくなるような保育」の創造を全力で楽しんでいる。

　その上で一人ひとりの子どもの気持ちをくみ取るのに大切な一つが、日々のさりげない子どもの「つぶやき」。つぶやきには、「○○をやりたい」といった素直な気持ちがつまっており、聞き逃さないように心掛けている。子どもが生きる上でのパートナーである保育者と喜びを共有しながら、子ども一人ひとりが自分らしくなれることを実感できる園生活を大切にしている。

学びが深まるあそびの継続を大切に

四季の森幼稚園（神奈川県・横浜市）　園児数：約155名

　自然豊かな園庭、子どもが冒険したくなるような戸外の環境を大切にした上で、あそびの中で学びが深まる保育を丁寧に考えている園。特に、あそびの継続や学びの深まりのために、子どもの主体性と自由感を大切にして、一人ひとりの興味・関心が日々の保育の中で実現できる保育を目指している。3歳児は自分の好きなあそびが十分に満足できることを大切にし、4歳児は仲間と生活する喜びが日々実感できるように意識し、5歳児は、協働性の芽生えと共に、話し合いによる対話や自己実現に必要な教材や教具を工夫して活用できるようにすることを意識し、学びが深まるようなあそびの継続性を大切にしている。

　また、地域の小学校とのつながりを重視しながら幼小の接続期を意識した連携を強く意識している。園児の中には障害のある子どもも多く存在し、多様な子どもを受け入れることでインクルーシブな保育を意識して、障害のある子どもの育ちと、周囲の子どもとの共生社会を大切にした上で、日々の保育に取り組んでいる。そこで育つ子どもの多くは多様性を受け入れることが可能な人として成長し、逞しく社会を切り開いていく人としての育ちを大切にながら保育を展開している。

遊んで学ぶ、大切なこと全部

かみいしづこどもの森（岐阜県・大垣市）　園児数：約40名

　かみいしづこどもの森は、岐阜県の片田舎、里山の町にあり、0・1・2歳児は年齢別（厳密には発達状況別）、3歳児以上は異年齢クラスで過ごしている。

　「遊んで学ぶ。大切なこと全部。」というテーマのもと、環境によって育てる・育つことを中心に据え、屋内であれば豊富なおもちゃ類、絵本、ゲーム等を活用した自由なあそび、時に子どもたちと相談しながら進める環境認識あそびなどバリエーションはいろいろ。一方で、屋外に出れば豊かな里山の自然を生かし、日常的なお散歩や園から徒歩40分くらいのところにある野外保育環境まで出掛け、開放的かつ刺激的な時間を過ごしている。

　特に意識していることは活動内容のバランス。自然に恵まれた環境にあっては屋外あそびが中心になりがちだが、当園においてはそれもあくまで「数あるメニューのうちのひとつ」として捉えている。

　人生を支える根本が作られるのが幼児期である。したがって、何か特定の能力を伸ばしたり、特定の活動を通して様々な能力を獲得しようと欲張るよりも、様々な活動を通して能力全体の底上げを図ることが肝要。将来どんな大人になったとしても、自分を肯定し、前向きに生きることができる、そんな姿をイメージしながら、日々の保育に取り組んでいる。

【参考文献】

運動あそび

『幼稚園・保育園のわらべうたあそび　春・夏』（畑玲子　知念直美　大倉三代子／著　明治図書出版）

『うたおう　あそぼう　わらべうた　乳児・幼児・学童との関わり方』（木村はるみ　蔵田友子／著　雲母書房）

『幼稚園・保育園のわらべうたあそび　秋・冬』（畑玲子　知念直美　大倉三代子／著　明治図書出版）

伝承あそび

『作ってあそべる　製作ずかん』（今野道裕／著　学研教育みらい）

手あそび

『手あそび百科』（植田光子／編著　ひかりのくに）

折り紙あそび

『保育のおりがみ まるごとBOOK』（津留見裕子／編著　ひかりのくに）

『はじめておりがみ』（津留見裕子／案・指導　学研教育みらい）

飼育・栽培プラン

『保育園・幼稚園での　ちいさな生き物飼育手帖』（山下久美　鋳物太朗／著　かもがわ出版）

『毎日の保育で豊かな自然体験！自然＊植物あそび一年中』（出原大／執筆　学研教育みらい）

田澤里喜

玉川大学教育学部教育学科教授
学校法人　田澤学園　東一の江こども園　園長

　1996年、玉川大学卒業後、玉川学園幼稚部に担任として4年間勤務後、東一の江幼稚園に異動。また同年、大学院に進学し、在学中より、短大、専門学校の非常勤講師を経て、2005年より玉川大学教育学部講師（2013年より准教授）となる。また、2015年より東一の江幼稚園園長に就任する。

　著書に『遊びからはじまる学び』（大学図書出版）『幼稚園の教育経営』（一藝社）（ともに共著）、『表現の指導法』（玉川大学出版部）『あそびの中で子どもは育つ』（世界文化社）『保育の変革期を乗り切る園長の仕事術』（中央法規）（ともに編著）など。

【企画協力】鈴木みゆき

【執筆者一覧】
かみいしづこどもの森（園長・脇淵竜舟）岐阜県大垣市
四季の森幼稚園（園長・若月芳浩）神奈川県横浜市
白梅学園大学附属白梅幼稚園（教諭・西井宏之　大塚美帆　髙橋結花）東京都小平市
認定こども園 さくら（園長・堀 昌浩　保育教諭・太田夢乃・関口紗理奈・加藤結紀）栃木県栃木市
野のゆり保育園（副園長・佐藤 援）東京都目黒区
東一の江幼稚園（園長・田澤里喜　教諭・黒澤 藍）東京都江戸川区
双葉の園保育園（副園長・佐藤 援）東京都目黒区
宮前幼稚園（副園長・亀ヶ谷元譲）神奈川県川崎市
RISSHO KID'S きらり（クリエイティブディレクター・三上祐里枝）神奈川県相模原市

【手あそび監修】植田光子
【折り紙監修】津留見裕子

STAFF

本文デザイン● 髙橋陽子　山縣敦子
イラスト● すみもとななみ　常永美弥　仲田まりこ
　　　　　野田節美　ホリナルミ　Meriko
　　　　　やまおかゆか　石川元子　北村友紀
　　　　　坂本直子　たかぎ＊のぶこ　みさきゆい
折り方イラスト● 小早川真澄
楽譜浄書● 株式会社福田楽譜　山縣敦子
折り紙撮影● GOOD MORNING
編集協力● 髙橋陽子　リボングラス
校正● 株式会社文字工房燦光
企画・編集● 山田聖子　安部鷹彦　北山文雄

本書のコピー、スキャン、デジタル化等の無断複製は著作権法上での例外を除き禁じられています。本書を代行業者等の第三者に依頼してスキャンやデジタル化することは、たとえ個人や家庭内の利用であっても著作権法上認められておりません。

年齢別保育資料シリーズ
5歳児のあそび

2019年2月　初版発行
2025年7月　第3版発行

編著者　田澤里喜
発行人　岡本 功
発行所　ひかりのくに株式会社
　　　　〒543-0001　大阪市天王寺区上本町3-2-14
　　　　TEL06-6768-1155　郵便振替00920-2-118855

　　　　〒175-0082　東京都板橋区高島平6-1-1
　　　　TEL03-3979-3112　郵便振替00150-0-30666
　　　　ホームページアドレス　http://www.hikarinokuni.co.jp
印刷所　TOPPANクロレ株式会社

©2019 HIKARINOKUNI　　　　　　　　Printed in Japan
乱丁・落丁はお取り替えいたします。　ISBN978-4-564-61565-8
JASRAC 出 1814571-503　　NDC376 240P　26×21cm